関数型オブジェクト指向 AI プログラミング

Scala による人工知能の実装

深井　裕二　著

- 本書の一部または全部を出版元に無断で複製、転載することを禁じます。
- 本書の記載内容は、その効果を保証するものではありません。また、記載されているソフトウェアおよびソースコードの導入や運用による損害に対する一切の責任を負いません。
- 本書に記載されているホームページのURLは予告なく変更されることがあります。
- 本書に記載されている製品名は各社の登録商標または商標です。なお本書中では™©®の表示を省略しています。

はじめに

　人工知能（Artificial Intelligence, AI）は、コンピュータによって人間の知的処理能力を模倣し、人の補助あるいは代わりとなって処理する情報技術です。AIの歴史は古く、その発展過程で特に成果の高いものがいくつか登場してきました。専門知識をもとに推論し、診断や分析などの専門家の知的作業を行うエキスパートシステムや、最適な解の探索によってチェス名人にも匹敵するようなゲームマシン、そして機械学習によるパターン認識などの高度な情報技術へと発展してきました。またゲームAIと呼ばれる分野では、あたかも知能があるかのようなキャラクタの行動によって仮想世界のリアリティを向上させ、ゲームは娯楽として高い実用性を実現していると感じさせます。そして近年ディープラーニングと呼ばれるAI分野が注目されてきました。機械が人から指示を与えられて見つけるのではなく、自ら学習によって特徴を見出すような技術が研究されています。これはまさに人間に近づく機能を意味しており、AIはさらなる発展性を秘めています。

　このようなAIへの注目には、コンピュータによる新たな活用法つまりビジネスを生み出す目的があります。情報産業の発展は個々の企業の技術競争によるものでもあり、より正確でより高速に、そしていち早く実現することがとても重要であることは言うまでもありません。新技術や新製品の実現は、実際にコンピュータ上での開発によって理論を実用レベルで実践することです。そのための試行錯誤や実験は必要なステップであり、さらに技術者のスキルやモチベーションも重要な前提です。

　技術者の学習を支えるものは、情報源と実践機会であると思われます。AIは高度な学問でもあるため、確かな情報源としては学術論文や工学書が挙げられます。インターネット上にも有益な情報はたくさんあります。しかし、AIにおける数理的表現はすぐにプログラムに展開しにくいケースも多く、AIのプログラムは基礎的な処理であっても複雑で長いものが多いように感じられます。読者の方々で、詳細なアルゴリズムや基礎的なプログラムコードを探して、なかなか望みのシンプルな形が見当たらなく時間を費やされた方もいるのではないでしょうか。

　本書は、AIを主にソフトウェアの開発者や学習者の立場で使用されることを想定しています。特に数式理解スタイルでなくプログラミング理解スタイルを重視

し、ソースコードを中心に理解をしていきます。このようなサンプルプログラムを用いた解説は、文系理系関係なく、また仕事や勉強におけるまさにプログラミングする現場にとってスムーズに活用できる形式だと思われます。なお、本書では数式表現された理論解説は省略してありますので、数理的な学習が目的の場合は、学術論文や工学書を参考にしていただければ幸いです。本書の主な役割としては、AI 実装の基礎となる具体的ソースコードを用いたプログラミングノウハウの提供であり、それらの理解のうえで学習のために有効活用されることを期待します。

　本書の特徴として、まず扱うテーマは AI の古典的題材、パズルなどから近年注目のディープラーニングの基礎まで、やや幅広く AI プログラムの基礎を具体的に知ることができる範囲の広さが挙げられます。次に使用言語は Scala を用いています。理由として、AI の処理は関数型言語が使いやすく、昔は純粋な関数型言語の `Lisp` などがよく用いられていました。Scala は関数型とオブジェクト指向型のマルチパラダイム言語であり、Java をベースとしているため、開発生産性と AI プログラミングの簡潔な記述の両方に有効です。さらに高速化のための並列演算も簡単に記述できます。AI のソースコードは基礎的処理であっても数百行のケースが多いと感じられます。本書のプログラムは数十行レベルであり、これも Scala ならではの簡潔さです。Java プログラミング経験者であれば、Scala はさほど難解でなく、プログラムも読みやすいでしょう。

　このように、なるべく短いコードによるプログラミング理解スタイルは、プログラミングをする人にとって、すぐに自分のものにして改良や発展に役立つものだと考えています。場合によっては、「まず簡単なものを動かしてから理解を深めていく」という学習スタイルがあるのではないでしょうか。筆者もこのタイプで、最初は短いプログラムからスタートして記述を加えていきます。その結果、アルゴリズムの理解、欠点の発見、アイディアの反映、高速化などにつながっていき、いわゆる「自分のものにしていく」ことがしやすいと思われます。本書のプログラム例は完成度が高くなく、あくまでサンプルですが、読者の方々によって実用的あるいは高性能なものを目指して「自分のもの」にするための教材になればと思います。

2015 年 9 月　深井　裕二

目　次

第 1 章　再帰処理と副問題への分割 ········· 9

1.1　再帰的プログラミング ······················· 9
- 再帰処理とは ········· 9
- 再帰処理の過程 ········· 11
- 再帰処理のトレースプログラム ········· 12

1.2　ハノイの塔 ······················· 14
- 目標と副問題への分割 ········· 14
- ハノイの塔プログラム ········· 17

1.3　フラクタルカーブ ······················· 21
- グラフィックス処理の基礎プログラム ········· 21
- コッホ曲線プログラム ········· 24
- ドラゴン曲線プログラム ········· 26
- シェルピンスキー曲線プログラム ········· 29
- ツリー曲線プログラム ········· 32

第 2 章　解の探索とバックトラッキング ········· 35

2.1　N クイーン問題 ······················· 35
- 解の探索と状態空間 ········· 35
- N クイーン問題プログラム ········· 36

2.2　騎士の巡回問題 ······················· 43
- ルート探索とバックトラッキング ········· 43
- 騎士の巡回問題プログラム ········· 44

第 3 章　論理パズル ········· 47

3.1　宣教師とモンスター ······················· 47
- ルールと目標状態 ········· 47
- 宣教師とモンスター問題プログラム ········· 49

3.2　農民と狼とヤギとキャベツ ······················· 53
- ルールと目標状態 ········· 53
- 農民と狼とヤギとキャベツ問題プログラム ········· 55

第 4 章　ゲーム木理論 ………………………………… 58

4.1　ゼロサムゲーム …………………………………………58
- 二人零和有限確定完全情報ゲーム ……………………… 58

4.2　TicTacToe …………………………………………………59
- ルールと勝敗 ……………………………………………… 59
- TicTacToe 基本プログラム ……………………………… 59
- TicTacToe グラフィックプログラム …………………… 63

4.3　ミニマックス戦略 ………………………………………68
- 最良の手を打つ戦略 ……………………………………… 68
- TicTacToe ミニマックスプログラム …………………… 69

4.4　アルファベータカット …………………………………72
- 目的とアルゴリズム ……………………………………… 72
- TicTacToe アルファベータカットプログラム ………… 73

第 5 章　推論と知識ベース …………………………… 76

5.1　推論エンジン ……………………………………………76
- プロダクションシステムと推論エンジン ……………… 76
- 前向き推論と後ろ向き推論 ……………………………… 79

5.2　前向き推論 ………………………………………………80
- 前向き推論エンジンプログラム ………………………… 80
- 前向き推論実行プログラム ……………………………… 84

5.3　後ろ向き推論 ……………………………………………86
- 後ろ向き推論エンジンプログラム ……………………… 86
- 後ろ向き推論実行プログラム …………………………… 89

第 6 章　人工生命と NPC ……………………………… 93

6.1　ランダムな動き …………………………………………93
- 移動方向と方向転換のランダム決定 …………………… 93
- ランダム移動方向プログラム …………………………… 94
- ランダム方向転換プログラム …………………………… 99

6.2　Boid アルゴリズム ……………………………………101

- 群れのルール ··· 101
- Boid プログラム ·· 102

6.3　ノンプレイヤーキャラクタとゲームスレッド ················· 105
- ゲームの構成 ··· 105
- マップ構築プログラム ··· 107
- キャラクタ基本要素プログラム ································· 108
- プレイヤー生成プログラム ····································· 111
- NPC 生成プログラム ··· 112
- ゲームループとマルチスレッドプログラム ······················· 114

第 7 章　自律行動と追跡 ·· 119

7.1　パンくず拾い ·· 119
- 手掛かりを見つけて追跡する ··································· 119
- パンくず拾い探索エンジンプログラム ··························· 120
- パンくず拾い探索ゲームプログラム ····························· 122

7.2　A*アルゴリズム ·· 125
- ターゲットまでの最適ルート ··································· 125
- A*アルゴリズム追跡エンジンプログラム ························· 130
- A*アルゴリズム追跡ゲームプログラム ··························· 133

7.3　有限状態マシン ·· 137
- NPC の自律行動システム ······································· 137
- 有限状態マシンプログラム ····································· 139
- 有限状態マシンゲームプログラム ······························· 140

第 8 章　機械学習とニューラルネットワーク ······················ 145

8.1　ニューラルネットワーク ·································· 145
- ニューロンモデル ··· 145
- ロジスティック回帰と学習 ····································· 146
- ロジスティック回帰プログラム ································· 148
- ロジスティック回帰パターン認識プログラム ····················· 151

8.2　多層パーセプトロン ······································ 155
- 線形分離不可能問題 ··· 155
- 多層パーセプトロンとバックプロパゲーション ··················· 156
- 多層パーセプトロンプログラム ································· 157
- 多層パーセプトロン実行プログラム ····························· 161

第 9 章　ディープラーニングの基礎 ……………… 164

9.1　深層学習の準備 …………………………………………164
- ディープラーニング ………………………………………… 164
- 手書き文字データ読み込みプログラム ……………………… 165
- 可視化プログラム …………………………………………… 167

9.2　オートエンコーダ ………………………………………172
- オートエンコーダの機能と構造 ……………………………… 172
- オートエンコーダプログラム ………………………………… 174
- オートエンコーダ実行プログラム …………………………… 176

9.3　デノイジングオートエンコーダと並列演算 ……………179
- デノイジングオートエンコーダプログラム ………………… 179
- デノイジングオートエンコーダ実行プログラム …………… 182
- デノイジングオートエンコーダ並列演算プログラム ……… 186

9.4　ディープニューラルネットワーク ……………………190
- 多層デノイジングオートエンコーダの構成 ………………… 190
- 多層デノイジングオートエンコーダプログラム …………… 192
- 手書き文字認識のディープラーニングプログラム ………… 195

A.　付録　Scala 環境の導入と基本 …………… 198

A.1　Scala と開発環境 ………………………………………198
- Scala の特徴 ………………………………………………… 198
- Eclipse と Scala プラグインの導入 ………………………… 198
- プロジェクトとパッケージの作成 …………………………… 202
- Hello プログラムの作成 ……………………………………… 205

A.2　Scala 言語機能 …………………………………………207
- クラスについて ……………………………………………… 207
- object について ……………………………………………… 209
- val 変数と var 変数 ………………………………………… 210
- 配列とリスト ………………………………………………… 212
- メソッド ……………………………………………………… 213
- 関数 …………………………………………………………… 216

参 考 ……………………………………………………………219
索 引 ……………………………………………………………220

第 1 章　再帰処理と副問題への分割

1.1 再帰的プログラミング

❑ 再帰処理とは

　再帰処理は、自分自身を呼び出して処理する関数（再帰関数）によるプログラミング技法です。再帰処理によって複雑な処理をシンプルに記述できるケースがあり、人工知能（Artificial Intelligence, AI）の処理によく使われることがあります。AI プログラミングの基礎技法でもある再帰処理について、しくみを理解しておきましょう。

　再帰処理は一種の繰り返し処理（ループ処理）ですが、処理対象の中には手続き型のループ処理では複雑化してしまい困難なものがあります。そのような場合、関数型の再帰処理の方がむしろ簡単に記述できることがあります。

　再帰処理が適用できる簡単な例を見てみましょう。例えば階乗計算は一般に次のような式で表されます。

```
n! = n(n-1)!
n! = n(n-1)(n-2) … 1
5! = 5 × 4 × 3 × 2 × 1 = 120
```

　また、階乗を次のような数学関数として定義することもできます。f(x)の定義内容は、x=1 なら 1 を返し x>1 なら x・f(x-1)を返すものです。

$$f(x) = \begin{cases} 1, & x = 1 \\ x \cdot f(x-1), & x > 1 \end{cases}$$

これに対し、再帰呼び出しによって階乗を求めるプログラムは次のようになります。これは数学の関数定義と構造がよく似ています。

```
def fact(x: Int): Int = {
  if (x == 1) 1
  else x * fact(x - 1)
}

println("階乗=" + fact(5))
```

実行結果
階乗=120

　手続き型のループ処理（while や for を使った繰り返し構造）と再帰処理が大きく異なる点は、ループ処理は単純に同じ演算処理をプログラムのジャンプ構造を使って繰り返していきますが、再帰処理は関数呼び出しのしくみを使って繰り返します。単純なジャンプに対し関数呼び出しはやや複雑な内部処理を行います。

　ジャンプはプログラムの実行位置を移動させるだけで、演算に使用している変数は同じものを使っています。一方、関数呼び出しでは変数は新しいものがその都度用意されます。一見、同じものを使う方が効率的で新たなものを毎回用意するのは無駄な感じがしますが、関数が新たな変数つまり新たな作業環境を用意することが不規則で複雑な処理にも対応できる重要な仕組みとなります。

　再帰関数（再帰メソッド）の `fact` は自分自身を呼び出し、`fact(5)`で呼び出すと内部で `fact(4)`をさらに呼び出します。つまり、解くべき問題 `fact(5)`は副問題 `fact(4)`を解きその結果を使用するわけです。このときさらに `fact(3)`を呼び出しますが、最終的に `fact(1)`までいくと 1 を返します。これは階乗計算の関数定義と同じです。

　なお延々と再帰呼び出しするとスタックオーバーフローが発生し異常停止するため、何らかの停止条件が必要となり `if (x == 1)`がそれにあたります。なお「`x: Int`」「`fact(…): Int`」は引数と戻り値の型宣言（`Int`, 整数型）です。

❑ 再帰処理の過程

　図 1-1 は、fact メソッドの再帰呼び出し過程です。最初の呼び出しからスタートして、①②③④の順序で fact メソッドが再帰呼び出しされ、⑤⑥⑦⑧の順序で各結果が戻されます。

　詳しく見てみると、図 1-2 のように演算が行われます。

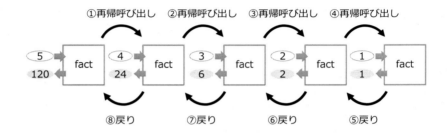

図 1-1　再帰関数が自分自身を再帰呼び出しする過程

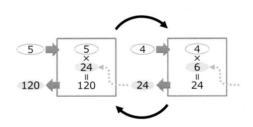

図 1-2　再帰呼び出し結果を使い自分の結果を作る

　まず自分への引数 5 を保留にしておき、次の再帰呼び出しで得た戻り値 24 を掛け合わせて自分の戻り値 120 とします。ちょうど仕事を下請けに依頼し、結果を待って作業を再開するような感じです。

　このように演算を保留にして他の処理をするために、スタックと呼ばれる記憶メカニズムを利用します。図 1-3 は階乗計算の再帰関数における呼び出し時のスタック状態を、図 1-4 は戻り時のスタック状態を表したものです。

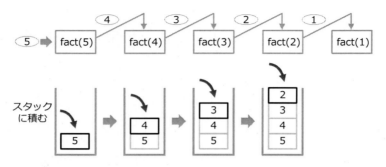

図 1-3　再帰呼び出し時のスタック状態

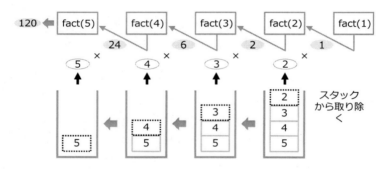

図 1-4　再帰関数の戻り時のスタック状態

　再帰呼び出し時では、演算を保留にするために自分が呼ばれたときの引数 5 をスタックに置き、次の呼び出しで渡す引数 4 はスタックの上に積むことで前の引数を保留状態にします。

　そして戻り時では、fact(1)から戻り値 1 が戻されたとき、スタックに保存しておいた引数 2 を取り出して 2×1=2 を計算して fact(2)の戻り値とします。これを最初の呼び出しまで続けます。

❏ 再帰処理のトレースプログラム

　リスト 1-1 は再帰関数呼び出しを追跡表示（トレース）するプログラムです。

実行結果では、再帰レベル（再帰呼び出しの深さ）に応じてインデント（字下げ）して表示され、再帰呼び出し先でさらに再帰呼び出しが行われる過程を時系列で見ることができます。

trace は()で囲まれた2つの引数リストを持ち、トレース対象の再帰関数名と引数（複数可）を第1引数リストに、処理本体を第2引数リストに与えます。再帰関数の処理本体は{}で囲み、複数の文を含めることができます。

[T]は型パラメータといい、まだ決まっていない型を意味し、trace の戻り値の型に使用しています。「body: => T」では引数 body が T 型を表し、実際に与えられた再帰関数の処理本体の型が T の型となります。この場合 fact の処理本体の最後の値は Int 型なので T は Int となり、trace の戻り値も Int となります。

なお「=>」は名前渡しといい、引数 body は「val ret = body」で参照されるときにはじめて評価されます。呼び出し時に評価される通常の引数とは異なります。

リスト1-1　RecursiveCall.scala　再帰関数のトレースプログラム

```
package ex01

object RecursiveCall extends App {
  var level = 0            // 現在の再帰レベル
  val indicator = "- "     // インデント表示用の記号

  //再帰トレース
  def trace[T](fname: String, arg: Any*)(body: => T): T = {
    val args = arg.mkString(",")
    println((indicator*level) + level + ":" + fname + " (" + args + ")")
    level += 1
    val ret = body
    level -= 1
    println((indicator*level) + level + ":" + fname + " =" + ret)
    ret
  }

  def fact(x: Int): Int = {// factを再帰トレースしてみる
    trace("fact", x) {// 使用法: trace(関数名,引数,引数…) { 処理 }
      if (x == 1) 1
```

```
      else x * fact(x - 1)
    }
  }

  println("階乗=" + fact(5))
}
```

実行結果
```
0:fact (5)
- 1:fact (4)
- - 2:fact (3)
- - - 3:fact (2)
- - - - 4:fact (1)       // 再帰レベル4, 引数(1)
- - - - 4:fact =1        // 再帰レベル4, 戻り値=1
- - - 3:fact =2
- - 2:fact =6
- 1:fact =24
0:fact =120
階乗=120
```

1.2 ハノイの塔

❏ 目標と副問題への分割

再帰処理では、副問題を解くことで問題全体を解決します。これを意識してハノイの塔というパズルを解いてみましょう。

ハノイの塔は図 1-5 のようにサイズの異なる円盤を目標の場所に移動させるものです。円盤の移動できる場所は 3 つの支柱で表します。ルールとして、移動は一枚ずつ行います。その際にどの支柱に移動させてもよく、またすでに円盤が置いてある支柱に移動させても構いません。ただし、大きい円盤をそれより小さい円盤の上に乗せてはいけません。

この制約を守り、目標状態の支柱へ正しい大きさの順番によって移動させる手順を求めるのがこの問題です。

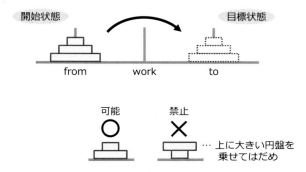

図 1-5　ハノイの塔の目標とルール

この問題では、支柱の場所を移動元（from）、移動先（to）、作業場所（work）というように表現します。図 1-6 はルールに従って目標状態まで移動させる過程です。円盤枚数が増えていくと手順の数も次のように指数関数的に増加します。

3 枚	… 7 回	6 枚	… 63 回	9 枚	… 511 回
4 枚	… 15 回	7 枚	… 127 回	10 枚	… 1023 回
5 枚	… 31 回	8 枚	… 255 回	11 枚	… 2047 回

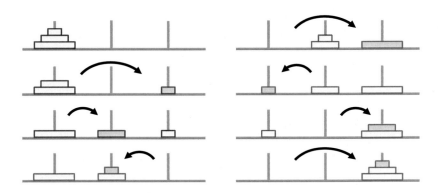

図 1-6　ハノイの塔の移動過程

1.2　ハノイの塔

移動手順を考える際、小規模な問題から基本手順を求めます。そこで図 1-7 のように最下部の円盤 1 枚に対しその上の全部を 1 枚とみなし計 2 枚として扱い、上の 1 枚にあたる複数の円盤は後で再帰的に処理します。

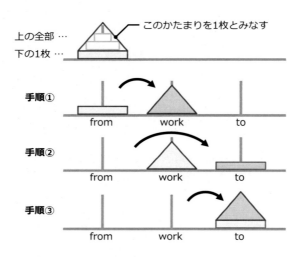

図 1-7　円盤の基本移動手順

　2 枚の移動手順は手順①〜③に従って、移動元（from）と移動先（to）がどこであるかに関わらず、①from→work，②from→to，③work→to の手順で移動します。from の位置が左から 1 番目でも 2 番目でも構いません。
　まとめると 2 枚の移動手順を最小単位の問題とします。そして 3 枚であれば 1＋2 枚を 1+ひとかたまり＝2 枚とみなして、ひとかたまりの部分を副問題として解きます。こうして円盤枚数が何枚であっても、同じ処理内容で解決できるように再帰処理を使います。
　この手順の中で移動はすべて再帰関数に任せ、再帰関数へは from, to, work がどこであるかを伝えます。再帰関数は伝えられた位置間の移動を行いますが、円盤が複数枚の場合は、図 1-8 のようにさらに再帰呼び出しに委ねます。

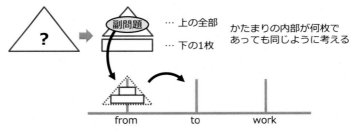

図1-8 副問題への同じアルゴリズムの適用

❏ ハノイの塔プログラム

リスト1-2はハノイの塔の問題解決プログラムであり、hanoi メソッドが再帰関数です。

リスト1-2　TowersOfHanoi.scala　ハノイの塔

```
package ex01

import scala.Range

// ハノイの塔クラス
class TowersOfHanoi(val n: Int) {      // n: 円盤の数
  def hanoi(m: Int, from: Int, to: Int, work: Int,
                                      s: Array[List[Int]]){
    if (m == 1) {                     // 移動対象が1枚なら、
      s(to) = s(from).head::s(to)     // from から to へ 1枚移動
      s(from) = s(from).tail          // from から移動した分減らす
      println(disp(s.toList.map(_.reverse)))
    } else {                          // 移動対象が複数枚なら、副問題を解く
      hanoi(m-1, from, work, to, s)   // from から work へ移動
      hanoi(1, from, to, work, s)     // from から to へ移動
      hanoi(m-1, work, to, from, s)   // work から to へ移動
    }
```

```scala
  }

  def disp(a: List[List[Int]]): String = {    // 状態表示
    if (a == List(Nil, Nil, Nil)) {
      "―" * (n * 2 * 3)+ "¥n"
    } else {
      disp(a.map(x => if (x == Nil) Nil else x.tail)) + "¥n" +
      a.map(x => if (x == Nil) 0 else x.head).map(
          x => " "*(n-x) + "■■" * x + " "*(n-x) + " ").mkString
    }
  }

  def start() {
    val s = Array(Range(1, n+1).toList, Nil, Nil) // 初期状態
    hanoi(n, 0, 2, 1, s)                  // n枚、from=0、to=2、work=1 で実行
  }
}
object TowersOfHanoiApp extends App {  // アプリケーション起動オブジェクト
  new TowersOfHanoi(4).start           // 枚数を設定してハノイの塔を作成・開始
}
```

実行結果

```
――――――――――――――――――――――――――――

      ■■■■
    ■■■■■■
■■■■■■■■        ■■
――――――――――――――――――――――――――――

    ■■■■■■
■■■■■■■■        ■■        ■■■■
――――――――――――――――――――――――――――

    ■■■■■■                  ■■
■■■■■■■■                ■■■■
――――――――――――――――――――――――――――

                            ■■
■■■■■■■■    ■■■■■■      ■■■■
```

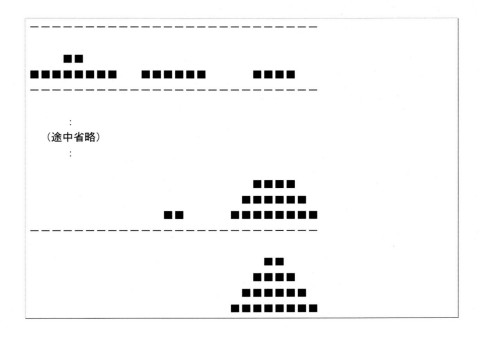

　まず new TowersOfHanoi(4) で円盤 4 枚のハノイの塔オブジェクトを生成し、start メソッドで円盤の初期状態を作り hanoi メソッドに渡します。再帰関数 hanoi の引数には、移動対象の円盤枚数 m と移動位置の from, to, work を与え、移動位置は左から 0,1,2 の番号で表します。

　また、最後の引数 s は 3 つの位置に置かれた円盤の現在の状態を表す配列であり、円盤 4 枚なら初期状態で次のような記述になります。なお、プログラムでは Range を用いて List(1,2,3…) を簡潔に生成しています。

```
Array(List(1, 2, 3, 4), List(), List())    … 左4枚、中0枚、右0枚
```

　図 1-9 のように支柱は配列（Array 型）を用いて 0,1,2 の添え字によって s(from) というように簡単に参照できます。また円盤はリスト（List 型）を使用することで、先頭を取り除き別のリストの先頭に追加するといった処理が、リストの長さ（円盤の枚数）に関わらず高速にできます。配列では、そのようなデータ操作に処理時間がかかります。

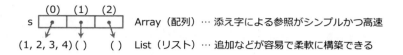

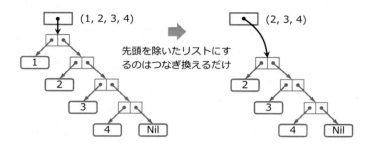

図 1-9 円盤の状態を表すデータ構造

　データ構造を柔軟に操作できるリスト処理は AI プログラミングがやりやすく、リスト処理を主とする関数型言語は AI 開発によく用いられてきました。

　円盤枚数 m が 1 のときは、1 枚の移動手順に従い、from の先頭（最上部を意味する）から抜き取って to の先頭に加えます。また、m が 1 以外ならば、図 1-7 の手順①〜③を適用して次のように 3 つの移動処理を再帰呼び出しで行います。手順①と③では、m-1 として最下部の 1 枚を除き円盤枚数を 1 減らしています。これが上に乗ったかたまりに対する副問題化です。

```
hanoi(m-1, from, work, to, s)    // 手順①  from から work へ移動
hanoi(1, from, to, work, s)      // 手順②  from から to へ移動
hanoi(m-1, work, to, from, s)    // 手順③  work から to へ移動
```

　なお、円盤の移動状態を見るためには、hanoi メソッド中の println の行の後に次の 1 行を入れると s の配列要素が 1 行ずつ表示され、データ状態が確認できます。

```
s.foreach(println(_))            // 配列sの各要素をprintlnで表示
```

1.3 フラクタルカーブ

❏ グラフィックス処理の基礎プログラム

　フラクタルカーブ（曲線）は自己相似形の図形であり、再帰処理の代表例です。自己相似形とは、例えば図 1-10 のように自然界の木の構造は枝に葉がついていますが、枝はさらに枝に分かれて同様の構造を繰り返す場合が見られます。このように全体と部分が同様の構造、つまり相似形になっている状態のことです。

図1-10　自己相似形

　まず、曲線描画の準備としてリスト 1-3 のプログラムを用意します。これは、JavaFX のグラフィックス機能を用いて、ウィンドウ表示や長さと角度によって線を描いていく線描画機能を実装します。そして後で出てくる様々なフラクタルカーブのプログラムは、このプログラムの機能をベースとして利用します。

リスト1-3　Curve.scala　曲線描画のグラフィックス基本プログラム

```
package ex01

import javafx.application._
import javafx.stage._
import javafx.scene.Scene
import javafx.scene.layout.StackPane
import javafx.scene.canvas._
import javafx.scene.shape._
import javafx.scene.text._
import javafx.scene.effect._
import javafx.scene.control._
```

```
import javafx.scene.input.MouseEvent
import javafx.geometry._
import javafx.event.EventHandler

// アプリケーション起動オブジェクト
object CurveMain {
  def main(args: Array[String]) {
    Application.launch(classOf[CurveApp], args: _*)
  }
}

// グラフィックスウィンドウアプリケーションクラス
class CurveApp extends Application {
  val canvas = new Canvas(600, 600)  // 描画キャンバス作成
  val g = canvas.getGraphicsContext2D

  override def start(stage: Stage) { // 開始処理（開始時に自動的に呼ばれる）
    val pane = new StackPane
    pane.getChildren.add(canvas)
    stage.setScene(new Scene(pane))
    stage.show
  }

  def draw() {                         // 描画処理
    val c = new Curve(g)               // 曲線オブジェクトの生成
    c.move(50, 300)                    // 開始点の設定
    c.draw(500, 0)                     // 長さと角度を与えて描画してみる
  }

  draw                                 // 描画処理の呼び出し
}

// 曲線描画の基礎クラス
class Curve(val g: GraphicsContext) {
  var lastX, lastY = 0.0

  def move(x: Double, y: Double) {     // 現在位置の移動
    lastX = x
    lastY = y
  }
```

```
  def forward(len: Double, angle: Double) {     // 長さと角度で線を描画
    val x = lastX + len * math.cos(angle)
    val y = lastY + len * math.sin(angle)
    g.strokeLine(lastX, lastY, x, y)             // 線を引いて
    move(x, y)                                   // 現在位置を更新
  }

  def draw(len: Double, angle: Double) {        // 描画処理
    forward(len, angle)                          // ここでは前進描画するだけ
  }
}
```

　JavaFXのグラフィックスのウィンドウはApplicationクラスからextendsで派生させたクラスを作り、その中にオーバーライド（overrideキーワードで宣言）したstartメソッドを用意して初期化処理を行います。グラフィックス描画はCanvasオブジェクトを作り、そこからgetGraphicsContext2Dメソッドで得たGraphicsContext型のオブジェクトgを使い描画処理を行います。

　Curveクラスのforwardメソッドは図1-11のように長さlenと角度angleによって線画を描く基礎機能です。このCurveクラスをもとにオブジェクト指向の派生（継承）機能を活用して、よりコンパクトなプログラムを作成していきます。

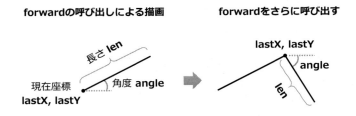

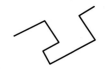

図1-11　線描画のしくみ

1.3　フラクタルカーブ

❏ コッホ曲線プログラム

図 1-12 とリスト 1-4 は、コッホ曲線を描くプログラムの実行結果とリストです。コッホ曲線は 4 本の線による基本構造を持ち、各線がさらに自己相似形になっています。

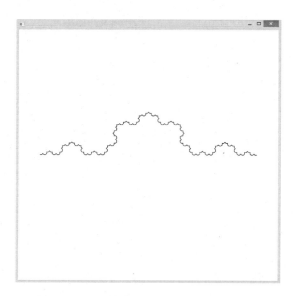

図 1-12　コッホ曲線プログラムの実行結果

リスト 1-4　Koch.scala　コッホ曲線プログラム

```scala
package ex01

import javafx.application.Application
import javafx.scene.canvas._

// アプリケーション起動オブジェクト
object KochMain {
  def main(args: Array[String]) {
    Application.launch(classOf[KochApp], args: _*)
  }
}
```

```
// グラフィックスウィンドウアプリケーションクラス
class KochApp extends CurveApp {        // CurveAppクラスを継承
  override def draw() {                 // drawをカスタマイズ(override)する
    val c = new Koch(g)                 // コッホ曲線オブジェクトの生成
    c.move(50, 300)                     // 開始位置の設定
    c.draw(5, 500, 0)                   // 再帰レベル、長さ、角度を与えて描画
  }
}

// コッホ曲線クラス
class Koch(g: GraphicsContext) extends Curve(g) { // Curveクラスを継承
  def draw(n: Int, len: Double, angle: Double) {  // 描画処理
    if (n == 1) {                       // n=1なら線を一本描く(長さと角度で)
      forward(len, angle)
    } else {                            // n>1なら4回再帰呼び出しで描く
      val l = len / (2/math.sqrt(2.0) + 2) // 長さの縮小
      val a = math.Pi * 0.25
      draw(n-1, l, angle)               // 再帰描画(直進)
      draw(n-1, l, angle-a)             // 再帰描画(-a回転)
      draw(n-1, l, angle+a)             // 再帰描画(+a回転)
      draw(n-1, l, angle)               // 再帰描画(直進)
    }
  }
}
```

　KochApp クラスは CurveApp クラスを継承し、ウィンドウ作成や draw メソッドの呼び出し処理を受け継ぎます。draw メソッドはオーバーライド（override）機能により再定義し、コッホ曲線の処理内容に置き換えてあります。

　また、Koch クラスも Curve クラスを継承し、move や forward メソッドなどの機能を受け継いでいます。これらのオブジェクト指向の機能活用によって、基礎プログラムとの差異部分のみのシンプルな実装となります。

　コッホ曲線は、次の再帰呼び出し部分によって構成され、図 1-13 のように①〜④の 4 本の線パターンであり、各線がさらに 4 本線で再帰的に構成されます。この自己相似形は再帰レベル n に応じて繰り返されます。

```
    draw(n-1, l, angle)              // ①再帰描画(直進)
    draw(n-1, l, angle-a)            // ②再帰描画(-a回転)
    draw(n-1, l, angle+a)            // ③再帰描画(+a回転)
    draw(n-1, l, angle)              // ④再帰描画(直進)
```

図 1-13　コッホ曲線の自己相似形構造

❑ ドラゴン曲線プログラム

　図 1-14 とリスト 1-5 は、ドラゴン曲線を描くプログラムの実行結果とリストです。ドラゴン曲線は 2 本の線による基本構造を持ち、各線がさらに自己相似形になっています。

図 1-14　ドラゴン曲線プログラムの実行結果

リスト 1-5　Dragon.scala　ドラゴン曲線プログラム

```scala
package ex01

import javafx.application.Application
import javafx.scene.canvas._

// アプリケーション起動オブジェクト
object DragonMain {
  def main(args: Array[String]) {
    Application.launch(classOf[DragonApp], args: _*)
  }
}

// グラフィックスウィンドウアプリケーションクラス
class DragonApp extends CurveApp {      // CurveAppクラスを継承
  override def draw() {                  // drawをカスタマイズ(override)する
    val c = new Dragon(g)      // ドラゴン曲線オブジェクトの生成
    c.move(150, 300)           // 開始位置の設定
    c.draw(13, 300, 0, 1)      // 再帰レベル、長さ、角度、スイッチを与えて描画
  }
}

// ドラゴン曲線クラス
class Dragon(g: GraphicsContext) extends Curve(g) {      // Curveを継承
  def draw(n: Int, len: Double, angle: Double, sw: Int) {      // 描画
    if (n == 1) {                          // n=1なら線を一本描く(長さと角度で)
      forward(len, angle)
    } else {                               // n>1なら2回再帰呼び出しで描く
      val l = len / (2/math.sqrt(2.0))     // 長さの縮小
      val a = math.Pi * 0.25 * sw          // 角度の計算(swで＋－反転)
      draw(n-1, l, angle-a, 1)             // 再帰描画(-a回転)
      draw(n-1, l, angle+a, -1)            // 再帰描画(+a回転、sw反転)
    }
  }
}
```

　ドラゴン曲線は、次の再帰呼び出し部分によって構成され、図 1-15 のように①、②の 2 本の線パターンであり、各線がさらに 2 本線で再帰的に構成されます。

図の n=2 における①の角度は「基準角 -a°」ですが、n=3 では「①の角度 -a°」となります。つまり基準角が一つ前の再帰レベルの角度になっています。

また、②の部分は再帰呼び出しするたびにスイッチ変数 sw を反転させます。これによって角度の＋－が反転し -a° +a° → +a° -a° というように再帰レベルが増すたびにスイッチしていきます。sw によって、2 本の線を構成する際に 1 本目の曲がる向きと 2 本目の曲がる向きを逆にするわけです。

```
draw(n-1, 1, angle-a, 1)      // ①再帰描画(-a回転)
draw(n-1, 1, angle+a, -1)     // ②再帰描画(+a回転、sw反転)
```

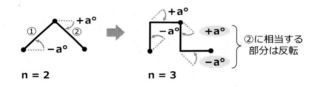

図 1-15　ドラゴン曲線の自己相似形構造

この曲線の考え方として、図 1-16 のような例があります。これは紙を 2 つ折りにしていき、その後 90°に開いていくとドラゴン曲線の形になっているというもので、折っていくことが自己相似形の構築に相当すると考えられます。

紙を 2 つに折ることは 1 つの要素を 2 本の線で表すことに対応し、その状態の紙をさらに 2 つに折ると、2 本の線がそれぞれさらに 2 本になり、計 4 本の線になるわけです。このとき折る向きは対称形ではなく逆になり、これが 2 本目の線の向きを反転させる sw の働きに対応しています。

ドラゴン曲線描画を頭の中でシミュレートしてみると、せいぜい n=3 くらいの再帰レベルがいいところで、それ以上は難しくなっていきます。再帰処理は、状態の記憶を蓄積しながら処理するので、再帰レベルが増すたびに記憶すべき状態が増していき、人の頭で考えるには大変な処理になります。

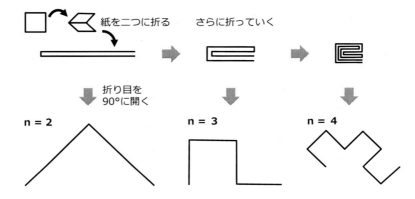

図 1-16　ドラゴン曲線の考え方の例

❏ シェルピンスキー曲線プログラム

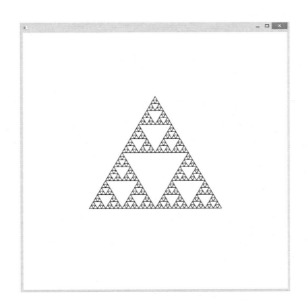

図 1-17　シェルピンスキー曲線プログラムの実行結果

図 1-17 とリスト 1-6 は、シェルピンスキー曲線を描くプログラムの実行結果とリストです。シェルピンスキー曲線における自己相似形の基本構造は、線ではなく三角形を用いており、三角形の内部がさらに三角形で構成されるような自己相似形となっています。

リスト 1-6　Sierpinski.scala　シェルピンスキー曲線プログラム

```scala
package ex01

import javafx.application.Application
import javafx.scene.canvas._

// アプリケーション起動オブジェクト
object SierpinskiMain {
  def main(args: Array[String]) {
    Application.launch(classOf[SierpinskiApp], args: _*)
  }
}

// グラフィックスウィンドウアプリケーションクラス
class SierpinskiApp extends CurveApp { // CurveAppクラスを継承
  override def draw() {            // drawをカスタマイズ(override)する
    val c = new Sierpinski(g)      // シェルピンスキー曲線オブジェクトの生成
    c.draw(6, 300, 300, 150)       //再帰レベル、開始位置, 長さを与えて描画
  }
}

// シェルピンスキー曲線クラス
class Sierpinski(g:GraphicsContext) extends Curve(g) { //Curveを継承
  def draw(n: Int, len: Double, x: Double, y: Double) {   // 描画処理
    val l = len / 2
    val x1 = x - l
    val x2 = x + l
    val y1 = y + l * math.sqrt(3)
    if (n == 1) {                  // n=1なら線を3本使って三角形を描く
      g.strokeLine(x, y, x1, y1)
      g.strokeLine(x1, y1, x2, y1)
      g.strokeLine(x2, y1, x, y)
```

```
    } else {                                    // n>1なら3角形三つを再帰呼び出しで描く
      val l2 = l / 2                            // 長さの縮小
      draw(n-1, l, x, y)                        // 再帰(上の三角形)
      draw(n-1, l, x - l2, y + l2*math.sqrt(3)) // 再帰(左下の三角形)
      draw(n-1, l, x + l2, y + l2*math.sqrt(3)) // 再帰(右下の三角形)
    }
  }
}
```

シェルピンスキー曲線は図 1-18 のように①〜③の 3 つの三角形から成るパターンを用い、各三角形内がさらに再帰的に 3 つの三角形で構成されていきます。

図 1-18　シェルピンスキー曲線の自己相似形構造

draw メソッドの引数には再帰レベル n，三角形の長さ（サイズ）len，三角形の上部頂点座標 x, y を与えます。

再帰レベル n が 1 のときは三角形を描画します。これには直線を描く strokeLine メソッドを 3 回使用して描いており、正三角形の辺の比 1:2:√3 という知識を使い、基準座標 x, y から x1, y1 および x2, y1 を求めこれら 3 点間にそれぞれ直線を描きます。

再帰レベル n が 1 より大きい場合は、次のように三角形の①〜③の各頂点（最上部）座標を与えて draw を再帰的に呼び出します。このとき引数 len を半分にした l2 を用いて下部 2 つの三角形の上部頂点を求めます。

```
    draw(n-1, l, x, y)                        // ①再帰(上の三角形)
    draw(n-1, l, x - l2, y + l2*math.sqrt(3)) // ②再帰(左下の三角形)
    draw(n-1, l, x + l2, y + l2*math.sqrt(3)) // ③再帰(右下の三角形)
```

❏ ツリー曲線プログラム

　図 1-18 とリスト 1-9 は、木を模倣したツリー曲線を描くプログラムの実行結果とリストです。木の枝部分が自己相似形になっています。

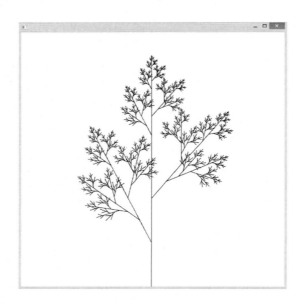

図 1-19　ツリー曲線プログラムの実行結果

リスト 1-7　Tree.scala　ツリー曲線プログラム

```
package ex01

import javafx.application.Application
import javafx.scene.canvas._

// アプリケーション起動オブジェクト
object TreeMain {
  def main(args: Array[String]) {
    Application.launch(classOf[TreeApp], args: _*)
  }
}
```

```scala
// グラフィックスウィンドウアプリケーションクラス
class TreeApp extends CurveApp {      // CurveAppクラスを継承
  override def draw() {               // drawをカスタマイズ(override)する
    val c = new Tree(g)               // ツリー曲線オブジェクトの生成
    c.move(300, 600)                  // 開始位置の設定
    c.draw(7, 450, math.Pi * -0.5, 1) // 再帰レベル、長さ、角度を与える
  }
}

// ツリー曲線クラス(Curveクラスを継承)
class Tree(g: GraphicsContext) extends Curve(g) {
  def save() = {                      // 現在位置を返す
    (lastX, lastY)
  }

  def restore(x: Double, y: Double) { // 現在位置を設定する
    lastX = x
    lastY = y
  }

  def draw(n: Int, len: Double, angle: Double, sw: Int = 1) {// 描画
  val (x,y) = save                    // 現在位置を保存しておく
    if (n == 1) {                     // n=1なら線を一本描く(長さと角度で)
      forward(len, angle)
    } else {                          // n>1なら2回再帰呼び出しで描く
      val l = len / (2/math.sqrt(2.0))  // 長さの縮小
      val a = math.Pi * 0.15 * sw       // 角度の計算(swで＋－反転)
      forward(l*0.33, angle)            // 直進で線を描く
      draw(n-1, l*0.8, angle-a, 1)      // 再帰描画(左回転)

      forward(l*0.33, angle)            // 直進で線を描く
      draw(n-1, l*0.7, angle+a*1.5, -1) // 再帰描画(右回転, sw反転)

      forward(l*0.33, angle)            // 直進で線を描く
      draw(n-1, l*0.6, angle, 1)        // 再帰描画(直進)
    }
    restore(x, y)                     // 現在位置の復元
  }
}
```

draw メソッドの引数には再帰レベル n，直線の長さ len，直線の基準 angle，そして向きを反転描画するフラグの sw を与えます。

再帰レベル n が 1 のときは直線 1 本を描画します。n が 1 より大きい場合は、次のように枝の構造を直線と再帰描画で構成します。枝の構成要素①〜③、①'〜③' の処理は図 1-20 のような自己相似形の基本構造となります。再帰レベルが増すと、点線部の枝①'②'③' が自己相似形となります。

なお②' の部分は sw によって反転描画しています。これらの描画処理では長さと角度を適当な値にしていますが、これにランダムな成分を含めると若干不規則になってより自然の木のように見えてきます。

```
forward(l*0.33, angle)              // ①直進で線を描く
draw(n-1, l*0.8, angle-a, 1)        // ①'再帰描画(左回転)

forward(l*0.33, angle)              // ②直進で線を描く
draw(n-1, l*0.7, angle+a*1.5, -1)   // ②'再帰描画(右回転, sw反転)

forward(l*0.33, angle)              // ③直進で線を描く
draw(n-1, l*0.6, angle, 1)          // ③'再帰描画(直進)
```

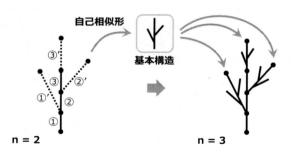

図 1-20　ツリー曲線の自己相似形構造

第2章 解の探索と
　　　　バックトラッキング

2.1 Nクイーン問題

❑ 解の探索と状態空間

　Nクイーン問題はチェス盤にクイーンを配置する問題です。例えば8クイーンならば、図2-1のように8×8のマスに縦横斜めに重ならないような配置パターンがどれだけあるか列挙します。処理手順は、1行ずつQを重複しないよう配置していきますが、どこにも置けない状態ならその置き方は破棄して1つ前に戻って他の置けるところを試していきます。

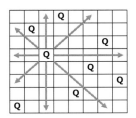

各行のQが他と縦・横・斜めに
重ならない配置をすべて求める

図2-1　8クイーン問題

　Nクイーン問題は状態空間探索としてすべての配置の組み合わせである状態空間から目標状態を見つけ出す問題です。配置の組み合わせを調べるのは膨大で複雑な作業ですが、Nの個数に関係なく、いかにシンプルな処理手法で問題解決できるかがポイントとなりますが、再帰処理を活用して簡潔に記述できます。
　状態空間は図2-2のようにツリー構造としてとらえて組み合わせを試していきます。ツリー探索中に縦横斜めの重複があればその枝探索は失敗とみなして探索

を打ち切ります。そして最終的な目標状態までたどり着ける枝のルートを探します。4クイーンのケースでは最終的な解にたどり着けるルートは2つとなります。

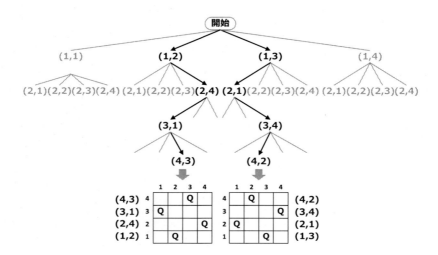

図2-2　4クイーンのときの状態空間探索と目標状態のパターン

❏ Nクイーン問題プログラム

リスト 2-1 は N クイーン問題を解くプログラムです。Queens クラスのコンストラクタ呼び出し new Queens(8)によって8クイーンのオブジェクトを生成し、start メソッドで解探索を開始します。

リスト2-1　Queens .scala　Nクイーン問題プログラム

```
package ex02

// Nクイーン問題クラス
class Queens(val n: Int) {                          // n: クイーン数
  def check(r: Int, c: Int, pat: List[(Int, Int)]): Boolean = {
    // 縦と斜めに重複しないかすべての配置をチェック
    pat.forall(p => c != p._2 && r-p._1 != math.abs(c-p._2))
```

```
  }

  def queen(r: Int): List[List[(Int, Int)]] = {  // 配置リストを複数返す
    if (r == 0) List(Nil)
    else for (p <- queen(r - 1); c <- 1 to n if check(r, c, p))
         yield (r, c)::p
  }

  def start() {              // 問題を解いて各配置リストから文字列を作成して表示
    queen(n).foreach(pat => println(pat.map(p =>
              "+"*(p._2-1) + "Q" + "+"*(n-p._2)+"\n").mkString))
  }
}
object QueensApp extends App {
  new Queens(8).start                     // クイーン数(行数)を指定して開始
}
```

実行結果

```
+++Q++++
+Q++++++
++++++Q+
++Q+++++
++++Q+++
+++++++Q
++++Q+++
Q+++++++

++++Q+++
+Q++++++
+++Q++++
++++++Q+
++Q+++++
+++++++Q
++++Q++
Q+++++++

++Q+++++
++++Q+++
+Q++++++
```

2.1 N クイーン問題　　37

```
+++++++Q
+++++Q++
+++Q++++
++++++Q+
Q+++++++

++Q+++++
+++++Q++
+++Q++++
+Q++++++
+++++++Q
++++Q+++
++++++Q+
Q+++++++

++++Q+++
++++++Q+
Q+++++++
++Q+++++
+++++++Q
+++++Q++
+++Q++++
+Q++++++

    :
（以下省略）
    :
```

クイーン数（行数）N=8 とし、queen メソッドは図 2-3 のような配置可能なすべての解答パターン（92 通りある）をリストで返します。一つ一つの解答パターンは 8 個の位置情報から成るリストで表現されます。各位置情報は(行番号,列番号)というタプル型データを用いています。タプルは複数の変数をひとかたまりにしたもので、構造体に似たものです。タプル内の各要素は、変数名._1, 変数名._2 というように要素番号のついたメンバ名でアクセスします。複数のデータを一つにまとめる場合などで活用されます。

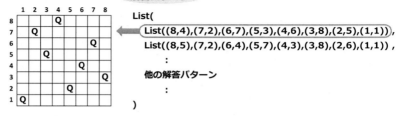

図2-3 解答パターンのデータ表現

checkメソッドはr行c列に置けるかチェックします。引数patはそこまで置いてきた位置情報リストです。例えば、図2-3において1行1列, 2行5列に配置した状態で3行8列に置けるか調べる際はcheck(3, 8, List((2,5), (1,1)))で呼ばれます。そしてpatのすべてをforall式で3行8列と重複位置にないか調べます。

forallによるループの間、各位置情報は変数pに格納され、p._1でタプルの第1要素の行番号、p._2で第2要素の列番号を参照して重複関係を調べます。この場合すべて重複しないのでcheckはtrueを返します。

再帰関数のqueenメソッドでは、forは副問題queen(n-1)で得られた解答パターンのリストから一つずつ取り出してpとし、1~8の列番号をcとするp, cの組み合わせ2重ループでさらにif条件で重複配置でない場合のみループ本体が処理されます。(r,c)::pはリストpの先頭に(r,c)のタプルを追加したリスト結果であり、yieldで全結果をさらにリストにしてこれをqueenが返します。

queenが返す各解答パターンはリストの長さが最初は1だったものが、再帰から戻ってきて先頭に新たな位置情報が追加されて長くなっていきます。戻るたびにfor式の繰り返しによってパターンは8倍に増え、そこからif条件で消去されながら配置可能なパターンが結果に生き残っていきます。

queenの再帰処理を探索過程に着目して見てみましょう。図2-4は4クイーンの場合のqueenによる探索過程です。組み合わせの生成（枝分かれ）と重複配置による探索打ち切り（枝刈り）を行いながら、ツリーのレベルを下に進めていきます。このような探索を幅優先探索と呼び、ツリーの水平方向をすべて調べてか

ら下に向かいます。

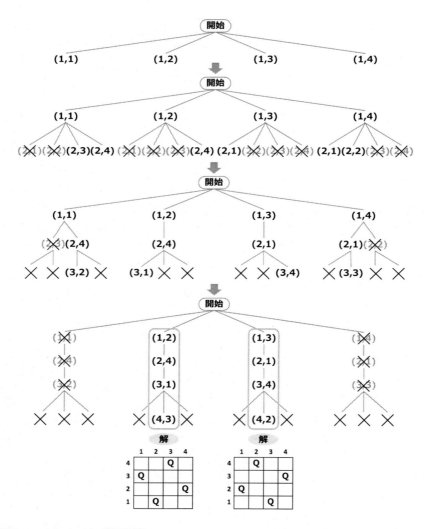

図 2-4　4 クイーンの探索過程

　4 クイーンにおける queen の再帰呼び出しをトレースするコードを追加してみましょう。リスト 2-2 は Queens クラスをもとに派生させた Queens1 クラスです。

この trace メソッドを使って queen の引数と戻り値を表示させてみます。トレース表示用に変数 level，indicator を追加し、さらに trace メソッドを定義してあります。使い方はトレースしたい再帰関数の本体を trace(関数名，表示させる引数) { … }で囲むだけで引数と戻り値が出力されます。

リスト 2-2　Queens1.scala　Ｎクイーン問題プログラム（トレース機能バージョン）

```
package ex02

// Nクイーン問題クラス(Queensクラスから派生)
class Queens1(n: Int) extends Queens(n) {
  type Ret = List[List[(Int, Int)]]     // 長い型なのでRet型で別名定義
  var level = 0                         // 現在の再帰レベル
  val indicator = "- "                  // インデント表示用の記号

  // 再帰トレース
  def trace(fname: String, arg: Any*)(body: => Ret): Ret = {
    val args = arg.mkString(",")
    println((indicator*level) + level + ":" + fname + " (" +
                                                       args + ")")
    level += 1
    val ret = body
    level -= 1
    println((indicator*level) + level + ":" + fname + " = List(")
    ret.foreach(x => println(indicator*(level+1) + x))
    println(indicator*(level) + ")")
    ret
  }

  // 再帰トレース付きバージョン
  override def queen(r: Int): List[List[(Int, Int)]] = {
    trace("queen", r) {
      if (r == 0) List(Nil)
      else for (p<-queen(r-1); c<-1 to n if check(r,c,p))
                                                yield (r,c)::p
    }
  }
}

object QueensApp1 extends App {
```

```
    new Queens1(4).start
}
```

実行結果

```
0:queen (4)
- 1:queen (3)
- - 2:queen (2)
- - - 3:queen (1)
- - - - 4:queen (0)
- - - - 4:queen = List(
- - - - - List()                 … 初期値として空リスト
- - - - )
- - - 3:queen = List(
- - - - List((1,1))              … 探索候補は4パターン
- - - - List((1,2))
- - - - List((1,3))
- - - - List((1,4))
- - - )
- - 2:queen = List(
- - - List((2,3), (1,1))         … 探索候補は6パターン
- - - List((2,4), (1,1))
- - - List((2,4), (1,2))
- - - List((2,1), (1,3))
- - - List((2,1), (1,4))
- - - List((2,2), (1,4))
- - )
- 1:queen = List(
- - List((3,2), (2,4), (1,1))    … 探索候補は4パターン
- - List((3,1), (2,4), (1,2))
- - List((3,4), (2,1), (1,3))
- - List((3,3), (2,1), (1,4))
- )
0:queen = List(
- List((4,3), (3,1), (2,4), (1,2))   … 最終的な探索結果は2パターン
- List((4,2), (3,4), (2,1), (1,3))
)
+ + Q +
Q + + +
+ + + Q
+ Q + +
```

```
+Q++
+++Q
Q+++
++Q+
```

　各再帰呼び出しの戻り値は、探索結果のパターンをリストにしたものが返されています。初回の結果、つまり queen(0) の戻り値は初期値として空リスト List(List()) が返されます。その結果を受け取った queen(1) の処理では、for 式の繰り返し生成処理は for(p <- List(List()); c <- 1 to n …) というようになり、p の値が List() で 1 回、c の値が 1〜4 で 4 回の 1×4 回ループとなります。r は 1 なので、1 回あたりの繰り返しで得られるパターンは (1,1)::List() →List((1,1)) という要領で作られます。

　こうして 4 パターンが得られ、それらが yield によってリストでくくられて、結果は List(List((1,1)), List((1,2)), List((1,3)), List((1,4))) となります。

　さらにその結果を受け取った queen(2) は 4 パターン×4 回＝16 回ループとなり、全組み合わせが if 式でフィルタリングされるようにして、パターンの生成と条件による絞り込みが繰り返されていきます。毎回の再帰処理ではパターンに新たな r, c の組み合わせが追加されるので次第に各パターンが伸びていき、最終的には長さが 4 つまり 4 クイーン分の位置情報が構築されます。

2.2　騎士の巡回問題

❑ ルート探索とバックトラッキング

　騎士の巡回問題は、図 2-5 のようにチェスのナイト（騎士）の移動ルールに従ってチェス盤のマスをすべて 1 回ずつ訪れるルートを見つけ出す問題です。開始位置から次々と移動させ、すでに訪れているマスに来るとそのルート選択は失敗とみなし、戻って別のルートを試します。このようにコンピュータが試行錯誤しながら後戻りする処理方法をバックトラッキング（backtracking）と呼びます。

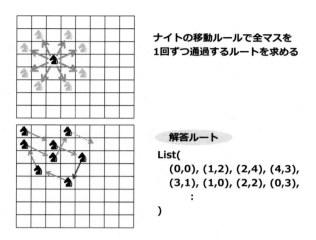

図 2-5　騎士の巡回問題

❏ 騎士の巡回問題プログラム

リスト 2-3 は騎士の巡回問題を解くプログラムです。チェス盤サイズ N=5 とし、knight メソッドが再帰関数としてバックトラッキングしながらルート探索します。

リスト 2-3　　KnightsTour.scala　騎士の巡回問題プログラム

```
package ex02

// 騎士の巡回問題クラス
class KnightsTour(val n: Int) {                // n: チェス盤サイズ
  val bd = Array.fill(n,n)(0)                  // n×nチェス盤、2次元配列
  val pat = for(a <- List((1,2),(2,1));        // ナイトの移動パターン生成
          b <- List(1,-1); c <- List(1,-1)) yield (a._1*b, a._2*c)

  def knight(r: Int, c: Int, cnt: Int = 1,     // r,cへの移動を試す
             route: List[(Int,Int)] = Nil): List[(Int,Int)] = {
    if (r >= 0 && r < n && c >= 0 && c < n && bd(r)(c) == 0) {
      bd(r)(c) = cnt                           // マスに移動数を代入
```

```
      if (cnt == n*n) return (r,c)::route    // 最終位置到達、結果を返す
      for (p <- pat) {
        val rt = knight(r+p._1, c+p._2, cnt+1, (r,c)::route)
                                             // 次の移動を試す
        if (rt != Nil) return rt             // ルート探索成功、結果を返す
      }
      bd(r)(c) = 0                           // 失敗したのでマスを空に戻す
    }
    Nil                                      // 失敗したのNilを返す
  }

  def start(r: Int, c: Int) { // r,cから開始して巡回ルートとチェス盤表示
    println(knight(r, c))                    // 巡回ルートを求めて表示
    println(bd.map(_.map("%02d ".format(_)).
                               mkString).mkString("¥n"))
  }
}
object KnightsTourApp extends App {
  new KnightsTour(5).start(0, 0)   // チェス盤サイズ、初期位置を指定して開始
}
```

実行結果
```
List((0,0), (1,2), (2,4), (4,3), (3,1), (1,0), (2,2), (0,3), (1,1),
(3,0), (4,2), (3,4), (1,3), (0,1), (2,0), (4,1), (3,3), (1,4), (0,2),
(2,1), (4,0), (3,2), (4,4), (2,3), (0,4))
01 14 19 08 25
06 09 02 13 18
15 20 07 24 03
10 05 22 17 12
21 16 11 04 23
```

　変数 pat はナイトの移動可能パターン配列で、図 2-6 のように各要素は行と列の移動量を表すタプル型データです。(1,-2)なら、現在位置から+1 行と-2 列の移動量です。knight メソッドの引数 r, c は移動試行位置、cnt は何回目の移動かを表すカウンタで初期値は 1 です。route はそこまでの移動ルートを累積したリストデータです。knight は探索結果のルートをリストにして返します。

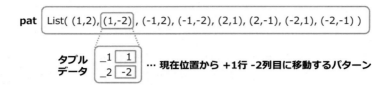

図 2-6　騎士の移動パターンデータ構造

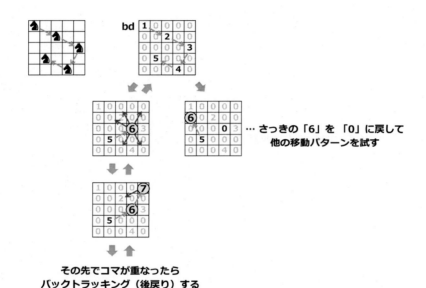

図 2-7　バックトラッキングによるルート探索

図 2-7 は移動ルートの探索過程の中で、ある時点の状態を表したものです。変数 bd はチェス盤を表す 2 次元配列であり、0 で初期化されています。knight メソッドは試行位置が空（0）ならばそこに値（cnt）を入れ、そこから移動可能位置を再帰的に探索していきます。そうして試行位置が空以外ならば失敗とみなし Nil（空リスト）を返します。失敗すると、もとの試行位置に入れた値（cnt）は 0 に戻してやり直します（バックトラッキング）。

第 3 章　論理パズル

3.1　宣教師とモンスター

❑ ルールと目標状態

　宣教師とモンスター問題はで、図 3-1 のように宣教師 3 人とモンスター3 人が川の対岸に渡るのが目的です。使えるボートは定員 2 名までです。ただし、いずれかの岸においてモンスターの数が宣教師の数を上回ると宣教師が襲われてしまいます。この状況を回避し、無事に渡る手順を求めるのがこの問題です。

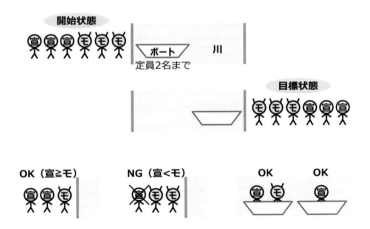

図 3-1　宣教師とモンスター問題

　ボートに乗れるのは宣教師、モンスターに関わりなく 1 名か 2 名です。ボートで移動している最中に両岸それぞれにおいて、宣教師数≧モンスター数なら安全ですが宣教師数＜モンスター数の状況になると、モンスターの習性により宣教師を襲います。宣教師もモンスターも対岸へ渡りたいという目的は一致しています

が、手順を誤ると惨事となってしまうのです。

図 3-2 はこの問題の解決手順です。

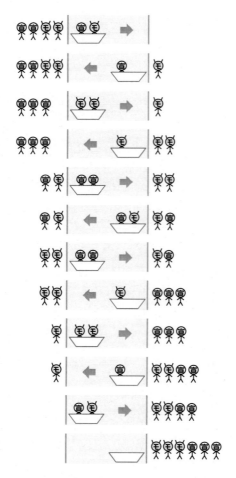

図 3-2　宣教師とモンスター問題の解決手順

各過程においてボート移動中およびボートが岸に着いて上陸した状態で、各岸ではモンスターの数が宣教師を上回らない状況になっており安全な手順です。このような複雑な手順をプログラミングでシンプルに解決するには再帰処理を活用

します。各再帰処理の過程で安全状態かを調べることで失敗を判定し、その場合はバックトラッキングで後戻りします。そうして目的状態である解を求めます。

❑ 宣教師とモンスター問題プログラム

リスト 3-1 は宣教師とモンスター問題のプログラムです。問題解決を処理する `MissionariesAndCannibals` クラスでは再帰関数 `solve` によって移動手順を求めます。また `MissionariesAndCannibalsApp` オブジェクトは、プログラム起動時に実行され、そこから処理を開始します。

リスト3-1　MissionariesAndCannibals.scala　宣教師とモンスター問題プログラム

```scala
package ex03

// 宣教師とモンスターの川渡り問題クラス
class MissionariesAndCannibals {
  type State = List[List[Char]]      // 現在の状態のState型の定義
  type Op    = List[Char]            // 操作パターンのOp型の定義
  var opAll: List[Op] = Nil          // 可能な乗船パターン

  def move(from: List[Char], to: List[Char], op: Op): State = {
    val from1 = from.diff(op)        // 乗船者を取り除いた残り
    if (from1.length == from.length - op.length)
        List(from1, op:::to)
    else List(from, to)
  }

  def solve(st: State, ops: List[Op], boat: Int,
            history: List[State]): List[State] = { // 移動記録を返す
    ops match {
      case Nil => Nil                              // もう試すパターンがないので失敗
      case op::opTail => {
        val (dir, stNew) = st match { // 移動記録作成（方向, 新たな状態）
          case List(l, r) =>
            if (boat == -1) (List('→'),
                             move(l, r, op).map(_.sorted))
            else (List('←'), move(r, l, op).reverse.map(_.sorted))
        }
```

```
            if (goal(stNew)) (op::dir::stNew)::history  // ゴールなら成功
            else if (stNew==st||!safe(stNew)||    // 無変化と移動不可は失敗
                history.exists(_.tail==dir::stNew))// 過去状態に戻ると失敗
              solve(st, opTail, boat, history)     // 残りの操作を試す
            else {                                 // 移動成功
              val ret = solve(stNew, opAll, -boat,
                         (op::dir::stNew)::history) // 新たな状態から進める
              if (ret != Nil) ret                  // 成功ならそれを返す
              else solve(st,opTail,boat,history)   // 失敗なら残り操作試す
            }
          }
        }
      }
  }

  def goal(st: State) = {      // この移動結果はゴールか？
    st.head == Nil             // 左岸が空
  }

  def safe(st: State) = {                    // この移動結果は安全な状態か？
    st.forall(x => x.count(_ == '宣') == 0 ||
              x.count(_ == '宣') >= x.count(_ == 'モ'))
  }

  def start() {
    opAll = List(List('宣','宣'), List('宣','モ'), List('モ','モ'),
                 List('宣'), List('モ')).map(_.sorted)  // 乗船パターン
    val st = List(List('宣','宣','宣','モ','モ','モ'),
                  List()).map(_.sorted)            // 岸の初期状態
    val history = List(Nil::List('←')::st)         // 移動記録初期状態
    val solution = solve(st, opAll, -1, history)   // 問題解決
    println("移動者¥t¥t移動方向¥t¥t結果状態(左岸)¥t結果状態(右岸)")
    solution.reverse.foreach(x =>
      println(x.map(_.mkString).mkString("¥t¥t")))  // 移動記録表示
  }
}

object MissionariesAndCannibalsApp extends App {
  new MissionariesAndCannibals().start
}
```

```
実行結果
移動者      移動方向      結果状態（左岸）      結果状態（右岸）
             ←           モモモ宣宣宣
モ宣          →           モモ宣宣              モ宣
宣           ←           モモ宣宣宣             モ
モモ          →           宣宣宣                モモモ
モ           ←           モ宣宣宣               モモ
宣宣          →           モ宣                  モモ宣宣
モ宣          ←           モモ宣宣               モ宣
宣宣          →           モモ                  モ宣宣宣
モ           ←           モモモ                 宣宣宣
モモ          →           モ                    モモ宣宣宣
宣           ←           モ宣                   モモ宣宣
モ宣          →                                 モモモ宣宣宣
```

変数 `opAll` は可能な乗船パターンのリストで次のような内容です（なおリストデータの `List` は省略してある）。移動元の岸にいずれかの対象パターンがあるか比較し、あれば対象をボートに乗せます。

```
opAll = ((宣, 宣),(モ, 宣),(モ, モ),(宣),(モ)) … （乗船パターン, …）
```

また変数 `st` は初期状態を表し、左右の岸にいる対象を次のようなリストで表します。`opAll` と `st` は、比較処理をしやすくするために、`map(_.sorted)`でリスト内部をソートしておきます。例えば(宣,モ)ならソートすると(モ,宣)となります。

```
st    = ((モ,モ,モ,宣,宣,宣), ())           … （左岸の状態，右岸の状態）
```

変数 `history` は移動記録です。次のように移動者、移動方向、左岸状態、右岸状態のリストを 1 回分の移動経過として毎回リストに追加していきます。初期状態はボートが左に置かれるようにし、移動者はなし、全員左岸にいる状態です。

```
history = (  ( (),    (←),   (モ,モ,モ,宣,宣,宣), ()   )  )
    …       (移動者,移動方向,    左岸状態,     右岸状態)
```

moveメソッドは、次のように岸の移動元状態、移動先状態、1つの乗船パターンを与えると、移動可能ならList(from1, op:::to)によって、移動者を取り除いたfrom1と移動者リストであるopと移動先リストを:::演算子でリスト連結したものを作成し、List(新たな移動元状態、新たな移動先状態)を返します。

```
move  ( (モ,モ,宣,宣), (モ,宣),  ('宣') )  => ((モ,モ,宣), (宣,モ,宣))
  …       移動元,    移動先, 乗船パターン =>  (  移動元,      移動先    )
```

再帰関数であるsolveメソッドではmatch式によって乗船パターンである引数opsをop::opTailにマッチさせることでopsの先頭をopへ、残りをopTailに格納して活用します。例えばopsが次のような状態ならopとopTailにはリスト要素がこのように格納されます。

```
ops    = List((宣, 宣),(モ, 宣),(モ, モ),(宣),(モ))
  ↓
op::opTailにマッチさせて変数に代入させる
  ↓
op     = (宣, 宣)
opTail = List((モ, 宣),(モ, モ),(宣),(モ))
```

またval (dir, stNew) = の代入では、右辺のタプルの値について、第1要素を方向dirに、第2要素を新たな状態stNewに一度に代入できます。

if式の判定で呼び出されるgoalメソッド、safeメソッドはmoveによる移動後の状態判定を行います。goalメソッドは目的状態に達したか調べ、safeメソッドは宣教師とモンスターの数が安全な状態化を判定します。

solveメソッドは、現在状態、乗船パターンリスト、ボート方向、移動記録を引数に受け取り、乗船パターンを試していきます。まずボート方向に応じてmoveで移動を試み、ゴールなら終了、moveの結果が次の状態なら失敗します。

- 乗船パターンが空(Nil)

- 変化なし（その乗船パターンに適用できる人数がいなかった）
- 宣教師が襲われる状態
- 過去の状態と同じ状態（もとに戻ってしまい手順がループして終わらない）

　失敗の際は、残りの乗船パターンを試します。失敗せずに成功ならこの状態を移動記録に追加して次の移動へと先に進めます。もしも次の移動が失敗に終われば移動をキャンセルし、一つ前の状態に戻って残りの乗船パターンを試します。このように戻って別のルートを選ぶバックトラッキングで解を探し出します。

3.2　農民と狼とヤギとキャベツ

❏ ルールと目標状態

　図3-3は農民と狼とヤギとキャベツ問題です。これも対岸へ渡るのが目標です。

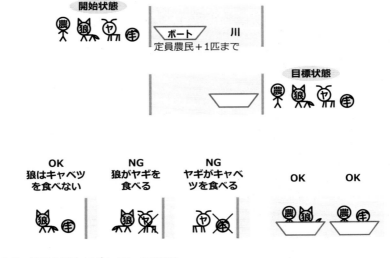

図3-3　農民と狼とヤギとキャベツ問題

ボートには最低でも農民が乗りさらにもう一つ何かを乗せて渡ることができます。ただし、農民がそばにいないと狼はヤギを襲い、ヤギはキャベツを食べる習性があります。それらの禁止状態を避けて無事に川を渡る手順を求める問題です。

図 3-4 はこの問題の解決手順です。各過程においてボート移動中の岸の状態では、農民がそばにいない状態での狼とヤギの組み合わせ、またヤギとキャベツの組み合わせが発生しない状況になっています。

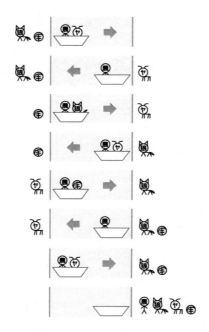

図 3-4　農民と狼とヤギとキャベツ問題の解決手順

今回の問題解決も宣教師とモンスター問題と同様の手法で解決ができます。そのためプログラムでは宣教師とモンスター問題の処理機能を一部再利用することができ、これはオブジェクト指向プログラミングの利点です。

これら 2 つの問題解決では、ルールは異なりますが基本的なボート操作、状態や目標のデータ構造、安全状態の判定など、処理の基盤は共通しています。共通部分をそのまま流用（再利用）し、差異部分の処理を追加（再定義）してプログラ

ミングしてみましょう。

そこで各問題解決の相違点を表 3-1 にまとめました。なお乗船パターンの欄では、農民、狼、ヤギ、キャベツを農、狼、ヤ、キと省略しています。表ではおおよそ半分くらいの処理部分が共通しており、異なる個所としては「非安全状態」「状態の初期値」「乗船パターン」が挙げられます。

表 3-1　2 つの問題解決の共通点と相違点

	宣教師とモンスター問題	農民と狼とヤギとキャベツ問題
変数のデータ構造	同じ	同じ
ボート移動処理	同じ	同じ
問題解決の再帰処理	同じ	同じ
目標状態	同じ	同じ
非安全状態	宣教師数＜モンスター数	農民なし、狼、ヤギ 農民なし、ヤギ、キャベツ
状態の初期値	宣教師×3、モンスター×3	農民、狼、ヤギ、キャベツ
乗船パターン	宣宣、モモ、宣モ、宣、モ	農、農狼、農ヤ、農キ

❏ 農民と狼とヤギとキャベツ問題プログラム

リスト 3-2 は農民と狼とヤギとキャベツ問題プログラムです。このプログラムは、宣教師とモンスター問題の `MissionariesAndCannibals` クラスを継承する `WolfGoatCabbage` クラスを作成します。

リスト 3-2　WolfGoatCabbage.scala　農民と狼とヤギとキャベツ問題プログラム

```
package ex03

// 農民と狼とヤギとキャベツの川渡り問題クラス（宣教師とモンスターのクラスを継承）
class WolfGoatCabbage extends MissionariesAndCannibals {
  override def safe(st: State) = {   // この移動結果は安全な状態か？
```

3.2　農民と狼とヤギとキャベツ

```
      !st.exists(x => !x.contains('農') &&(x.contains('狼') &&
          x.contains('ヤ') || x.contains('ヤ') && x.contains('キ')))
  }

  override def start() {
    // 可能な乗船パターン
    opAll = List(List('農', '狼'), List('農', 'ヤ'),
                 List('農', 'キ'), List('農')).map(_.sorted)
    // 初期状態
    val st = List(List('農', '狼', 'ヤ', 'キ').sorted, List())
    val history = List(List()::List('←')::st)    // 移動記録の初期状態
    val solution = solve(st, opAll, -1, history)  // 問題解決
    println("移動者¥t¥t移動方向¥t¥t結果状態(左岸)¥t結果状態(右岸)")
    solution.reverse.foreach(x =>
        println(x.map(_.mkString).mkString("¥t¥t")))  // 結果表示
  }
}
object WolfGoatCabbageApp extends App {
  new WolfGoatCabbage().start
}
```

実行結果

移動者	移動方向	結果状態（左岸）	結果状態（右岸）
	←	キヤ狼農	
ヤ農	→	キ狼	ヤ農
農	←	キ狼農	ヤ
狼農	→	キ	ヤ狼農
ヤ農	←	キヤ農	狼
キ農	→	ヤ	キ狼農
農	←	ヤ農	キ狼
ヤ農	→		キヤ狼農

　図 3-5 のように安全状態であるか判定する safe メソッドおよび初期設定などを行う start メソッドは、宣教師とモンスター問題と内容が異なるので override キーワードを付けて再定義します。それ以外の変数とメソッドは親クラスから継承します。例えば move や solve メソッドは全く同じ内容が使えるわけです。このようなオブジェクト指向機能によってプログラムが簡素に効率よく作れます。

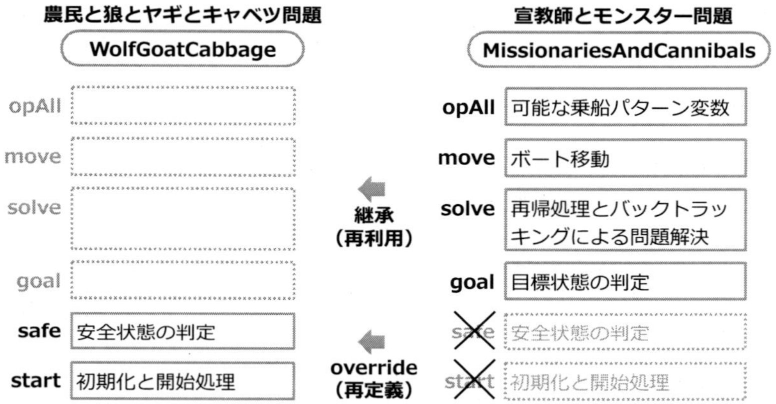

農民と狼とヤギとキャベツ問題			宣教師とモンスター問題	
WolfGoatCabbage			**MissionariesAndCannibals**	
opAll			opAll	可能な乗船パターン変数
move			move	ボート移動
solve		継承（再利用）	solve	再帰処理とバックトラッキングによる問題解決
goal			goal	目標状態の判定
safe	安全状態の判定	override（再定義）	~~safe~~	安全状態の判定
start	初期化と開始処理		~~start~~	初期化と開始処理

図 3-5　オブジェクト指向による機能継承と再定義

第4章　ゲーム木理論

4.1　ゼロサムゲーム

❏ 二人零和有限確定完全情報ゲーム

　ゼロサムゲーム（zero-sum game，ゼロ和ゲーム）は複数人によるゲームにおいて全員の利益の総和がゼロになるものです。例えば2人のジャンケンで勝ちを+1、負けを-1、引き分けを±0 とすると、両者の得点は足すと常にゼロになります。これは引き分けない限りどちらかが勝って利益を得て他方が負けて損失することを意味しています。

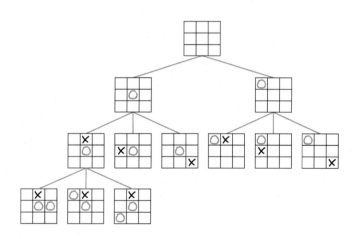

図4-1　ゲーム木

　チェス、オセロ、将棋、囲碁、三目並べなどは2人で行うゼロサムゲームであり、運の要素がなく、相手が取った行動を情報として知ることができ、またすべての手の組み合わせが有限であり、理論的にはすべての手が先読み可能です。こ

のような形態は、二人零和有限確定完全情報ゲームと呼ばれます。取り得る手は図 4-1 のような組み合わせによるゲーム木で表現でき、取り得る手（マス目の数や置けるコマの種類など）の多さによってゲーム木の規模が大きくなります。

　また、全員が負ける可能性がある非ゼロサムゲームの例としては、「囚人のジレンマ」などがあります。2 人の囚人がいて 2 人が罪を黙秘すれば懲役 2 年。1 人が自白すれば釈放され他方が懲役 5 年。2 人とも自白すると 2 人とも懲役 10 年となるルールです。

4.2 TicTacToe

❏ ルールと勝敗

　TicTacToe は三目並べゲームであり、図 4-2 のような 3×3 のマス目に 2 人が交互にコマを置き、縦横斜めのいずれかで 3 つ並ぶと勝ちとなるゼロサムゲームです。なお 2 人が最良の手を打っていくと引き分けとなる性質を持っています。

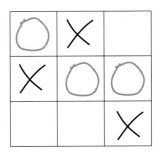

図 4-2　TicTacToe ゲーム

❏ TicTacToe 基本プログラム

　まず、基本機能バージョンによる TicTacToe プログラムをリスト 4-1 に示しま

す。これは人とコンピュータの対戦プログラムで、ユーザが行と列番号を入力し、コンピュータはランダムにコマを置きます。このバージョンをもとにゲーム戦略を実装していきます。

リスト4-1　TicTacToe.scala　TicTacToe基本プログラム

```
package ex04

// TicTacToe基本バージョンクラス
class TicTacToe {
  val bd = Array.fill(3)(Array.fill(3)(' '))   // 3x3ゲーム盤、2次元配列
  val pat = { val a = List(0,1,2);             // 勝ち添え字パターン生成
    a.map(x => (x,x)) :: a.map(x => (2-x,x)) ::  // 斜め3マス × 2
    a.map(r => a.map(c => (r,c))) :::            // 水平3マス × 3
    a.map(c => a.map(r => (r,c)))                // 垂直3マス × 3
  }
  var playing = true                           // ゲーム続行フラグ
  var winner = ' '                             // 勝者格納用

  def goal(p: Char) = {                        // 勝者判定(3マス並んだか)
    pat.exists(t => t.forall(a => bd(a._1)(a._2) == p))
  }

  def fin(): Boolean = {                       // 終了判定(もう置けないか)
    for (r <- 0 to 2; c <- 0 to 2 if bd(r)(c) == ' ') return false
    true
  }

  def computer(p: Char) {                      // コンピュータの手(ランダム)
    val free = for(r<-0 to 2; c<-0 to 2 if bd(r)(c)==' ')
               yield (r,c)
    val n = free.length
    val (r, c) = free(scala.util.Random.nextInt(n))
    bd(r)(c) = p
    println("computer:" + p + " = " + (r, c))
  }

  def human(p: Char) {                         // 人間の手(行、列のキー入力)
    print("row col =>")
    val s = new java.util.Scanner(System.in)   // キー入力
```

```
      val (r, c) = (s.nextInt, s.nextInt)     // 2個の入力データをr,cに格納
      bd(r)(c) match {
        case ' ' => bd(r)(c) = p
        case _ => human(p)                    // 置けない場所なので再試行
      }
    }

    // プレイヤー交代
    def turn(p: Char) = {   if (p == '○') '×' else '○'   }

    def disp() {                              // 盤表示
      println(bd.map(_.mkString("│")).mkString("¥n"))
    }

    def play() {                              // ゲームメインループ
      var p = '○'                             // 最初のプレイヤー設定
      disp
      do {
        if (p == '○')  human(p)               // プレイヤーに応じた処理
        else           computer(p)
        disp
        if (goal(p)) {                        // 勝ったか？
          winner = p
          playing = false
        } else if (fin) {                     // 終了したか？
          playing = false
        } else {
          p = turn(p)                         // プレイヤー交代
        }
      } while (playing)
      if (winner != ' ')  println(winner + " Win!")
      else                println("drawn")
    }
  }

object TicTacToeApp extends App {
  new TicTacToe().play
}
```

実行結果

```
 | | 
 | | 
 | | 
row col =>1 1    … 1 1 がユーザの入力部分
 | | 
 |○| 
 | | 
computer:× = (1,0)
 | | 
×|○| 
 | | 
   :
（途中省略）
   :
row col =>0 2
○|○|○
×|○| 
 |×|×
○ Win!
```

変数 bd はゲーム盤の 2 次元配列であり、初期状態で空白文字が入っています。ここにコマを表す「○」「×」がそのまま文字として格納されていきます。変数 pat は 3 目並んだかを調べるための添え字パターンで、次のような整数 2 個によるタプル×3 のリスト×8 パターンのリストで構成されます。

```
(((0,0),(1,1),(2,2)),((2,0),(1,1),(0,2)),                    …斜め
 ((0,0),(0,1),(0,2)),((1,0),(1,1),(1,2)),((2,0),(2,1),(2,2)),…横
 ((0,0),(1,0),(2,0)),((0,1),(1,1),(2,1)),((0,2),(1,2),(2,2)))…縦
```

computer メソッドは、空いているマスの一覧リストを作り、ランダムで 1 つを選んで bd に「×」を格納します。human メソッドはキーボードから 0, 1, 2 の行と列の番号を入力し bd に「○」を格納します。play メソッドはゲームループであり、繰り返すたびにプレイヤーをターンさせ computer と human を交互に呼ん

でいきます。ゲームループは図4-3のようなフローチャート（流れ図）で表されます。

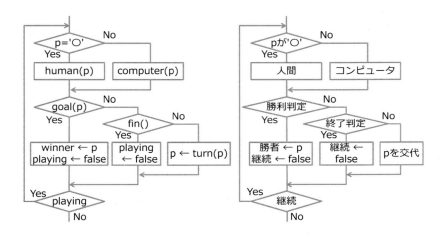

図4-3　ゲームループのフローチャート（右：日本語化した内容）

computer，human メソッドは汎用的な作りになっており、引数にコマの種類を与えます。これによって例えば human の呼び出しを次のように computer に置き換えるとコンピュータどうしの対戦になります。

```
if (p == '○')  computer(p)   … 試しにhumanをcomputerに置き換えてみた
else           computer(p)
```

❑ TicTacToe グラフィックスプログラム

リスト4-2はグラフィックスによるバージョンです。図4-4のようなグラフィックスウィンドウで表示し、キーボード入力からマウスクリックに操作方法を変更しています。

4.2 TicTacToe　63

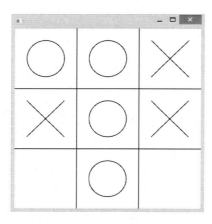

図 4-4　TicTacToe グラフィックスプログラムの実行画面

リスト 4-2　TicTacToeGraphics.scala　TicTacToe グラフィックスプログラム

```
package ex04

import javafx.application._
import javafx.scene.Scene
import javafx.stage._
import javafx.scene.layout.StackPane
import javafx.scene.canvas._
import javafx.scene.shape._
import javafx.scene.text._
import javafx.scene.effect._
import javafx.scene.control._
import javafx.scene.input.MouseEvent
import javafx.event.EventHandler
import javafx.geometry._

object TicTacToeGraphicsMain {     // アプリケーション起動オブジェクト
  def main(args: Array[String]) {
    Application.launch(classOf[TicTacToeGraphicsApp], args: _*)
  }
}

// グラフィックスウィンドウアプリケーションクラス
class TicTacToeGraphicsApp extends Application {
```

```
    val w, h = 300
    val canvas = new Canvas(w, h)            // 描画キャンバス作成
    val g = canvas.getGraphicsContext2D
    val game = new TicTacToeGraphics(this)   // ゲームオブジェクトを生成

    override def start(stage: Stage) {        // 開始処理
      val pane = new StackPane
      pane.getChildren.add(canvas)
      stage.setScene(new Scene(pane))
      stage.show

      new Thread() {                          // ゲームスレッド生成
        override def run() { game.play }      // ゲームスレッド内でゲーム実行
      }.start                                 // ゲームスレッド開始

      pane.setOnMouseClicked(new EventHandler[MouseEvent] {
        def handle(e: MouseEvent) {           // クリック時の処理
          if (game.selR == -1) {              // 未選択状態なら
            game.selC = (e.getX / w * 3).toInt
            game.selR = (e.getY / h * 3).toInt
          }
        }
      })
    }

    // 終了させる(継続フラグオフ)
    override def stop() { game.playing = false }

    def draw(bd: Array[Array[Char]]) {        // ゲーム盤描画
      val (dw, dh) = (w / 3, h / 3)
      g.clearRect(0, 0, w, h)
      for (i <- 1 to 2) {
        val (x, y) = (i * dw, i * dh)
        g.strokeLine(x, 0, x, h); g.strokeLine(0, y, w, y)
      }
      val (mw, mh) = (dw * 0.6, dh * 0.6)
      for (r <- 0 to 2; c <- 0 to 2 if bd(r)(c) != ' ') {
        val (x1, y1) = (c*dw + (dw-mw)*0.5, r*dh + (dh-mh)*0.5)
        val (x2, y2) = (x1 + mw, y1 + mh)
        bd(r)(c) match {
          case '○' => g.strokeOval(x1, y1, mw, mh)
```

```
          case 'x' => g.strokeLine(x1,y1,x2,y2)
                     g.strokeLine(x2,y1,x1,y2)
        }
      }
    }
}

// TicTacToeから派生させたグラフィックスバージョンクラス
class TicTacToeGraphics(app: TicTacToeGraphicsApp)
                                        extends TicTacToe {
  var selR, selC = -1                   // マウス選択位置(行,列)

  override def human(p: Char) {
    selR = -1; selC = -1                           // 未選択状態にしておく
    while (selR == -1 && selC == -1) {   // マウス選択を待つ
      Thread.sleep(100)
      if (!playing) return              // ゲーム強制終了なら戻る
    }
    if (bd(selR)(selC) != ' ') human(p)  // 空白でないので再試行
    else bd(selR)(selC) = p              // 空白ならマーク代入
    println("human    :" + p + " = " + (selR, selC))
  }

  override def disp() {
    var bdCopy = bd.map(_.clone)    // ゲーム盤をコピー(リソース競合対策)
    Platform.runLater(new Runnable { // JavaFXアプリスレッドで実行
      def run() { app.draw(bdCopy) } // 描画処理
    })
  }
}
```

TicTacToeGraphics クラスは TicTacToe から派生させており、play メソッドをはじめ多くの機能を継承します。override したメソッドとして、human はキーボード入力に代わってマウス選択を待つループ処理になっています。マウス選択されたかは変数 selR, selC に選択位置が格納されたかで判断します。

disp メソッドはコンソール出力に代わってグラフィックスを描画します。JavaFX では複数のスレッドから描画すると競合してしまうので、Platform.runLater を使って、disp が実行されるゲームスレッドではなく、

JavaFXアプリケーションスレッドで再描画しています。このようにウィンドウとゲームを別スレッドで実行します。

図4-5にスレッドに注目したクラス構成を表します。

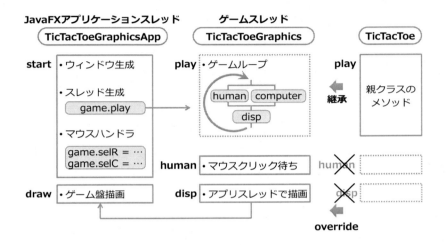

図4-5　TicTacToeグラフィックスプログラムのクラスとスレッド

`TicTacToeGraphicsApp` クラスは、JavaFX アプリケーションスレッドの処理内容として `start` メソッドがグラフィックスウィンドウの作成、`draw` メソッドが再描画処理本体などを実装しています。

また `start` 内ではマウスがクリックされたときの処理（イベントハンドラ）、さらにゲームスレッドの開始処理として、`new Thread(){ … }.start` で別のスレッドを起動して `TicTacToeGraphics` オブジェクトの `play` メソッドを呼び出しています。

4.2 TicTacToe

4.3 ミニマックス戦略

❏ 最良の手を打つ戦略

　ここではコンピュータを強くしてみましょう。ランダムな手では勝ちは偶発的であり、考えてプレイする人間にはかないません。そこで勝つために何かを優先して戦うこと、つまり戦略を持たせてみます。

　ミニマックス戦略（minmax strategy）は最良の手を選択することを基本とした手法です。各局面を数値化し、数手先まで読みその選択肢の中から自分の手が最大（Max）で、かつ相手の手が自分にとって最小（Min）になる選び方をします。自分にとっての最小は相手にとっての最大であり、両者が常に最良の手を打つシナリオを想定してシミュレートします。

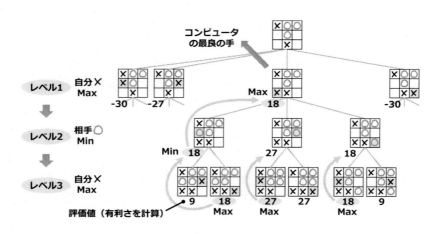

図 4-6　ミニマックス戦略

　図 4-6 は 3 手先まで読んだときのゲーム木です。ここでは自分がコンピュータであり、相手が人間です。1 手先は自分の手、2 手先はそれに対する相手の手、そして 3 手先はさらにそれに対する自分の手にあたります。

　まず 3 手先である最深部（レベル 3）のにおいて、評価値（有利さを計算したも

の）の最大値を枝ごとに選択します。この最大値が自分の最良の手です。その値を 1 つ上（レベル 2）の評価値として決定します。レベル 2 では逆に最小値を選択します。この最小値が相手の最良の手であり、相手がこう打つであろうという予測計算することを意味します。これを 1 つ上のレベル 1 の評価値として決定します。そしてレベル 1 では再び最大値のもの、つまり自分の最良の手を選択します。こうして 3 手先で自分が最良の局面を迎えるためのコンピュータの次の一手が決定します。

❏ TicTacToe ミニマックスプログラム

リスト 4-3 はミニマックス戦略を実装した TicTacToe のバージョンです。TicTacToeMinMax クラスはグラフィックスバージョンから派生させています。

リスト 4-3　TicTacToeMinMax.scala　TicTacToe ミニマックスプログラム

```scala
package ex04

import javafx.application._

object TicTacToeMinMaxMain {      // アプリケーション起動オブジェクト
  def main(args: Array[String]) {
    Application.launch(classOf[TicTacToeMinMaxApp], args: _*)
  }
}

class TicTacToeMinMaxApp extends TicTacToeGraphicsApp {
  override val game = new TicTacToeMinMax(this) // ゲームオブジェクト生成
}

// TicTacToeミニマックスバージョンクラス(TicTacToeGraphicsから派生)
class TicTacToeMinMax(app: TicTacToeGraphicsApp)
                                    extends TicTacToeGraphics(app) {
  def f(p: Char, t: List[(Int, Int)]) = {         // 評価値計算
    val self = t.count(a => bd(a._1)(a._2) == p)
    val free = t.count(a => bd(a._1)(a._2) == ' ')
    val other = 3 - self - free
    if (self > 0 && other == 0) scala.math.pow(3,self).toInt
    else if (other > 0 && self == 0) -scala.math.pow(3,other).toInt
```

```scala
        else 0
    }

    def eval(p: Char) = {                           // 全パターンの評価値合計
      pat.map(t => f(p, t)).sum
    }

    def search(p:Char, psw:Char, level:Int): ((Int,Int,Int), Int) = {
      val myTurn = psw == p
      var minmax = (0, 0, if (myTurn) Int.MinValue else Int.MaxValue)
      var count = 0
      for (r<-0 to 2; c<-0 to 2 if bd(r)(c)==' ') {// 空のマスのみ調べる
        bd(r)(c) = psw                    // マスにコマを置く(シミュレーション開始)
        val v =   if (level == 1 || goal(psw) || fin) {
                    count += 1; eval(p)   // 探索回数のカウントと評価値計算
                  } else {                // 再帰的に探索
                    val v1 = search(p, turn(psw), level-1)
                    count += v1._2        // 再帰的なカウント加算
                    v1._1._3              // 再帰的な評価値
                  }
        bd(r)(c) = ' '                    // マスを空に戻す(シミュレーション終了)
        if (myTurn && v > minmax._3 || !myTurn && v < minmax._3) {
          minmax = (r, c, v)              // 評価値がよければ、最良の手にする
        }
      }
      (minmax, count)                     // 最良の手と探索回数を返す
    }

    override def computer(p: Char) {      // コンピュータの手(最良の手を探索)
      val ((r, c, v), cnt) = search(p, p, 3)          // 3手先まで読む
      bd(r)(c) = p
      println("computer:" + p + " = " + (r, c) + " search = " + cnt)
    }
}
```

実行結果

```
human   :○ = (1,1)
computer:× = (0,0) search = 336
human   :○ = (0,1)
```

```
computer:× = (2,1) search = 105
human   :○ = (0,2)
computer:× = (2,0) search = 21
human   :○ = (1,0)
computer:× = (2,2) search = 2
× Win!
```

　大きな変更点である computer メソッドは、そこから呼び出される search メソッドがコンピュータにとって最良の一手を探索します。search では空のマスにコマを置くシミュレーションを level 回先まで再帰的に行います。そして評価値を計算し、ミニマックス戦略よってコンピュータが最大に、人間が最小になるような手を選択します。

　図 4-7 は評価値計算によってコンピュータが最大になる手を選択する場合です。f メソッドは縦横斜めの「ある 3 目パターン」において、自分（コンピュータ）側に「×××」、「××空白」、「×空白空白」の順で得点を付け、相手（人間）側も「○○○」「○○空白」「○空白空白」で同様の得点付けをマイナス点として求め、それらを合計して返します。「○×」混在の部分の得点はゼロとなります。

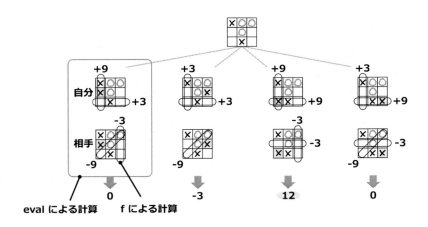

図 4-7　評価値の計算

`eval` メソッドはすべての 3 目並びパターン位置についてそれぞれ `f` メソッドで得たすべての値を総合計し、その局面の評価値とします。このような評価値計算の方法は特に決まっていませんので、自分なりの重み付け計算など考えてみるといいでしょう。

`search` メソッドは結果を`(minmax, count)`というタプルで返します。`minmax`は(行, 列, 評価値)というタプルで最大の手、あるいは最小の手を表します。`count`は全探索回数がカウントされます。これは次節のアルファベータカットとの比較用に表示するものです。実行結果では、3 手先まで読む場合、初回は 336 回と探索回数が多い状況となっています。

4.4 アルファベータカット

❏ 目的とアルゴリズム

ミニマックスによる探索の場合、三目並べよりも状態空間の大きなゲームでは探索コストが増大します。アルファベータカット（アルファベータ法、`alpha-beta pruning`）はゲーム木から探索する必要のない枝をカット（枝刈り）することで探索効率と実行速度を向上させます。

ミニマックスの処理で最大値（最小値）の手を探す場合、現在の評価値よりも小さい（大きい）値は選択されないことがわかっているので、評価値より小さく（大きく）なった場合はそこで探索を打ち切ります。この操作を α カット（β カット）と呼びます。

例えば図 4-8 において、最小値を選ぶレベルで現在「0」が得られた状態だとします。最小値を選ぶレベルの下位レベルでは「3」が出現すると、最大値が選択されるため少なくとも「3」以上のものが下位レベルの最大値に決定するはずです。このとき、上位レベルでは最小値を決定します。

上位レベルでは現在「0」が最小値候補であり、これより大きい値は選択されません。よって「3」は「0」より大きいので選ばれることは決してないのです。つまりこれ以上の下位レベル探索は無意味であることが判明します。こうして β カットによって探索を打ち切ることができます。

このようにして、すべてを探索するのではなく状況を判断しながら効率よく処理を行います。3目並べでなくチェスや将棋であればゲーム木は広大な探索空間となります。問題が複雑になると膨大な計算量になってしまうのでこのような手法が有効です。

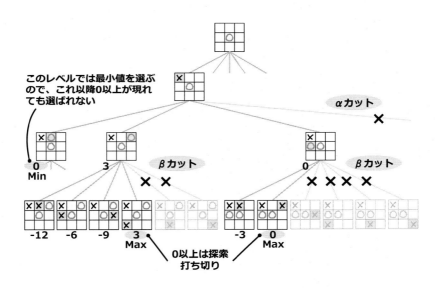

図 4-8　アルファベータカット

❏ TicTacToe アルファベータカットプログラム

リスト 4-4 はアルファベータカットを実装した `TicTacToe` のバージョンです。`TicTacToeAlphaBeta` クラスはミニマックスバージョンから派生させています。

リスト 4-4　TicTacToeAlphaBeta.scala　TicTacToe アルファベータカットプログラム

```
package ex04

import javafx.application._
```

```scala
object TicTacToeAlphaBetaMain {    // アプリケーション起動オブジェクト
  def main(args: Array[String]) {
    Application.launch(classOf[TicTacToeAlphaBetaApp], args: _*)
  }
}

class TicTacToeAlphaBetaApp extends TicTacToeGraphicsApp {
  // ゲームオブジェクト生成
  override val game = new TicTacToeAlphaBeta(this)
}

// TicTacToeアルファベータ刈りバージョンクラス（ミニマックスバージョンから派生）
class TicTacToeAlphaBeta(app: TicTacToeGraphicsApp) extends
                                              TicTacToeMinMax(app) {
  def search(p: Char, psw: Char, level: Int, alphaOrBeta: Int):
                             ((Int, Int, Int), Int) = {
    val myTurn = psw == p
    var minmax = (0, 0, if (myTurn) Int.MinValue else Int.MaxValue)
    var count = 0
    for (r<-0 to 2; c<-0 to 2 if bd(r)(c)==' ') {// 空のマスのみ調べる
      bd(r)(c) = psw          // マスにコマを置いてみる(シミュレーション開始)
      val v = if (level == 1 || goal(psw) || fin) {
                count += 1; eval(p)  // 探索回数のカウントと評価値計算
              } else {                // 再帰的に探索
                val v1 = search(p, turn(psw), level-1, minmax._3)
                count += v1._2;       // 再帰的なカウント加算
                v1._1._3              // 再帰的な評価値
              }
      bd(r)(c) = ' '                  // マスを空に戻す(シミュレーション終了)
      if (myTurn && v >= alphaOrBeta ||
         !myTurn && v <= alphaOrBeta) {
        return ((r, c, v), count)    // 探索を打ち切って結果を返す
      }
      if (myTurn && v > minmax._3 || !myTurn && v < minmax._3) {
        minmax = (r, c, v)           // 評価値がよければ、最良の手にする
      }
    }
    (minmax, count)                  // 最良の手と探索回数を返す
  }
```

```
override def computer(p: Char) {    // 最良の手を探索・アルファベータ刈り
  val ((r, c, v), cnt) = search(p, p, 3, 0)       // 3手先まで読む
  bd(r)(c) = p
  println("computer:" + p + " = " + (r, c) + " search = " + cnt)
  }
}
```

実行結果

```
human    :○ = (1,1)
computer:× = (0,0) search = 170
human    :○ = (0,1)
computer:× = (2,1) search = 85
human    :○ = (0,2)
computer:× = (2,0) search = 13
human    :○ = (1,0)
computer:× = (2,2) search = 2
× Win!
```

　実行結果を見てみると、初手探索はミニマックスバージョンよりも 336→170 と探索回数が削減されており、より高速に最良の手を見つける処理になっています。search メソッドには新たな引数 alphaOrBeta としてアルファ値（ベータ値）を渡し、これを基準に下位レベルの探索打ち切りを判定しています。それ以外の部分はミニマックスバージョンの search メソッドと同じです。

第 5 章　推論と知識ベース

5.1　推論エンジン

❏ プロダクションシステムと推論エンジン

　人工知能の代表的な情報処理システムにエキスパートシステム（専門家システム、expert system）があります。これは人の持つ複雑な知識をデータ表現し、それらの知識を利用した意思決定システムとして、例えば故障診断や化学構造分析、あるいはゲームなどの応用があります。エキスパートシステムの知識データ処理では「推論」によって答えを導き出すプロダクションシステム（production system）という手法が用いられています。

　プロダクションシステムはルールベースの推論システムであり、図 5-1 のように人の経験知識にもとづく「ルール」を蓄えた知識ベース（knowledge base）、状況を表す「事実」を格納するワーキングメモリ、それらをもとに論理的な「推論」を行う推論エンジン（inference engine）で構成されます。

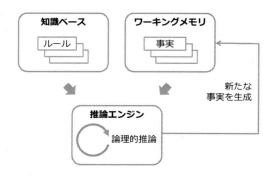

図 5-1　プロダクションシステムによる推論処理

しくみは 3 段論法のように、現在存在する事実に対してルールをあてはめて推論処理を実行し、その結果として新事実が導き出されます。そして導き出された新事実をもとにさらにルールと他の事実を照らし合わせて推論が進行し、事実が次々と生成されていきます。このような事実生成によって、何が言えるのか、答えは何か、といった推論による問題解決に活用ができます。

このような知的情報処理は人間も行っており、コンピュータによる模倣と言ってよいでしょう。状況が複雑な場合、人間には解決困難であってもコンピュータは時間さえあれば見落とすことなく結果を出力します。

プロダクションシステムにおいて、知識は図 5-2 のようなルール情報として表現され、また事実は図 5-3 のように表現されます。

ルール①
前提条件
x の親は y である
y は z である
➔
アクション
x は z である
ルール②
x は鋭い爪を持つ
x は目が正面についている
➔
x は肉食動物である
ルール③
x は肉食動物である
x は黒い縞を持つ
x はガオーと鳴く
➔
x はトラである
ルール④
x は肉食動物である
x は黒い縞を持つ
x はニャーと鳴く
➔
x はトラネコである

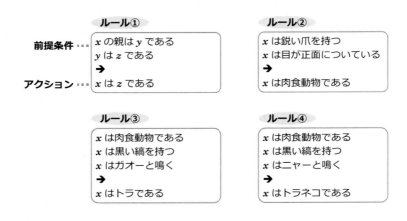

図 5-2　知識のルール表現

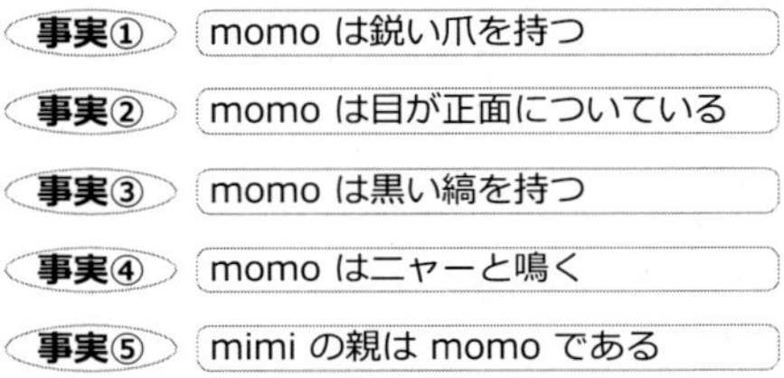

事実①
momo は鋭い爪を持つ
事実②
momo は目が正面についている
事実③
momo は黒い縞を持つ
事実④
momo はニャーと鳴く
事実⑤
mimi の親は momo である

図 5-3　事実の表現

各ルールは前提条件とアクション（結論）で構成されます。推論では前提条件に一致する事実が存在すればアクションによって新事実が生成されます。ルールにはx，y，zなどの変数を含めることができます。

　例えば、次のようにルール②に対して、事実①、事実②を適用すると、推論により新事実が導き出されます。この場合、ルールの変数 x には momo が代入されます。

ルール② 「x は鋭い爪を持つ」「x は目が正面についている」→「x は肉食動物である」

事実①　「momo は鋭い爪を持つ」
事実②　「momo は目が正面についている」

推論結果
新事実　「momo は肉食動物である」

　このような手順を繰り返し実行すると図5-4のような推論結果が得られます。

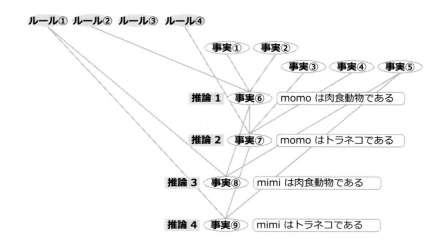

図5-4　プロダクションシステムによる推論結果

ルールが増加していくと複雑化した因果関係によって処理が増大化し、もはや人間の思考能力では対応できません。推論エンジンは論理的思考と多大な知識量というまさに特別な専門家でしか対処できないような知識処理を人間に代わってこなすことができます。

❏ 前向き推論と後ろ向き推論

推論には前向き推論（forward chaining）と後ろ向き推論（backward chaining）があります。前向き推論は、次のようにルールと事実から何らかの新事実を結果として導き出す演繹法による推論です。「AならばB，BならばC，ゆえにAならばCである」という論法で推論し、どんな事実が生成されるかは推論を実行してみないとわかりません。

前向き推論
ルール	「xは鋭い爪を持つ」「xは目が正面についている」→「xは肉食動物である」
	↓ …(すべてのルールを試して推論してみる)
事実	「momoは鋭い爪を持つ」
事実	「momoは目が正面についている」
	↓
推論結果	
新事実	「momoは肉食動物である」

一方、後ろ向き推論とは、先に結論を仮定してその結論が得られるために必要な事実は何であるかを導き出す帰納法による推論です。つまり「AならばCであるためにはAならばBである必要があり，BならばCである必要がある」というような論法です。これは次のように質問に対する解を求める推論形式で、ちょうど前向き推論とは逆のアプローチによるものです。

後ろ向き推論
質問	「momoは ？ である」
	↓ …(ルールの結果部分に該当するものを探す)

```
ルール    「x は肉食動物である」←「x は鋭い爪を持つ」「x は目が正面についている」
                ↓   …(ルールが成立するための条件となる事実を探す)
事実      「momo は鋭い爪を持つ」
事実      「momo は目が正面についている」
                ↓
推論結果
新事実    「momo は肉食動物である」
                ↓   …(変数 ? が決定し、解が得られる)
解答      ? = 肉食動物
```

5.2 前向き推論

❏ 前向き推論エンジンプログラム

リスト 5-1 は前向き推論エンジンのプログラムです。このプログラムを使って後で用意するルールと事実をもとに推論を実行することができます。

リスト 5-1　InferenceEngineForward.scala　前向き推論エンジンプログラム

```scala
package ex05

import scala.collection.immutable.HashMap

// 前向き推論エンジンクラス
class InferenceEngineForward {
  type Pat = List[String]                      // パターンの型定義
  type Env = HashMap[String,String]            // 環境変数の型定義

  var rules: List[List[List[Pat]]] = null      // ルール
  var facts: List[Pat] = null                  // 事実

  def ruleReader(s: String) = {                // ルールデータの読み取り
    s.replaceAll("#.*","").split(',').map(_.trim.split("->").
                           map(factReader(_)).toList).toList
```

```scala
}
def factReader(s: String) = {              // 事実データの読み取り
  s.replaceAll("#.*","").split("¥¥s*¥n¥¥s*").filter(_!="").
                          map(_.split("¥¥s+").toList).toList
}

def patMatch(p1: Pat, p2: Pat, env: Env = new Env): Env = {
  (p1, p2) match {                         // p1、p2のパターンマッチ
    case (Nil,Nil) => env                  // 両方が空ならマッチング成功
    case (_,Nil) | (Nil,_) => null         // どちらか空なら失敗
    case (a::aa, b::bb) if a(0) == '$' =>  // 環境変数なら
      if (env.contains(a)) {               // 環境に存在すれば値を取り出し比較
        if (env(a) == b) patMatch(aa, bb, env) else null
      } else {
        patMatch(aa, bb, env + (a -> b))   // 環境に存在しなければ追加
      }
    case (a::aa, b::bb) if a == b => patMatch(aa, bb, env)
                                           // 文字列比較
    case _ => null
  }
}

def replaceVar(s: String, env: Env) = {    // sが環境変数なら値を返す
  if (s(0)=='$') env.getOrElse(s, s) else s// 存在しなければsを返す
}

def applyEnv(action: Pat, env: Env): Pat = { // アクションから事実生成
  action match {
    case Nil => Nil
    case a::aa => replaceVar(a, env) :: applyEnv(aa, env)
  }
}

// 新事実生成
def newFacts(actions: List[Pat], env: Env): List[Pat] = {
  actions match {
    case Nil => Nil
    case a::aa => {
      val f = applyEnv(a, env)             // 一つのアクションから事実生成
```

```
        if (!facts.contains(f)) f::newFacts(aa,env) // 新事実なら追加
        else newFacts(aa, env)                      // 残りのアクションも再帰処理
      }
    }
  }

  def ruleMatch(patterns: List[Pat], env: Env = new Env):
                                                    List[Env] = {
    patterns match {
      case Nil => List(env)
      // 前提条件の一つにマッチすれば、残りも調べ、環境変数の組み合わせを生成
      case p::pp => facts.map(patMatch(p, _, env))
                .filter(_ != null).map(ruleMatch(pp, _)).flatten
    }
  }

  def forward() { // 推論実行
    println("--- 生成された事実 -------------------------")
    while (true) {
      var generated = false
      for (r <- rules; e <- ruleMatch(r.head)) {  // 環境変数の組合せ
        val f = newFacts(r.tail.head, e)          // 新事実生成を試みる
        if (f != Nil) {
          println(f)
          facts = facts ::: f                     // 新事実をリストに追加
          generated = true
        }
      }
      if (!generated) return                      // 新事実生成がなければ推論終了
    }
  }
}
```

　前向き推論エンジンのメイン処理 `forward` メソッドでは、ルールの前提部を `ruleMatch` メソッドに渡して事実とマッチするか調べ、`newFacts` メソッドにルールのアクション部を渡して新事実を生成します。新事実が導き出されたら変数 `facts` にそれを追加して、さらにこの処理を繰り返していきます。

　このときマッチング結果は変数 e に格納されておりハッシュマップのリストで

表されます。ハッシュマップは「キー」と「値」のペアを格納するための特殊な配列であり、ルール内の変数と値のペアを格納しています。

ルールの前提やアクションと事実とのマッチングは、図 5-5 のような推論エンジンの重要な機能であるパターンマッチング処理（Scala の match とは異なる）で行います。

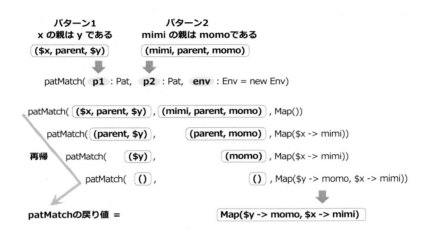

図 5-5　推論エンジンのパターンマッチング処理

パターンマッチングの patMatch メソッドは、ルールの前提条件やアクションの 1 文と事実の 1 文を引数としマッチングするか調べます。第 3 引数（初期値は空のハッシュマップ）にはマッチングで出現した変数とその値を環境変数として保持します。この例では、マッチング結果として$x=mimi, $y=momo という変数と値のペアが 2 つ得られます。これらはハッシュマップデータとして patMatch の最終結果となります。つまり 2 つのパターンは$x=mimi かつ$y=momo においてマッチングするという情報を表します。

このようにルールに変数を導入することで、ルールの柔軟性を高めて推論の汎用性が向上します。そして変数を情報として扱うためにハッシュマップ機能を活用しています。ruleMatch メソッド内では facts.map(patMatch(p, _, env)) によってすべての事実に対して patMatch で得られた環境変数をリストにまとめ

ています。なお「_」は facts の 1 要素を表します。こうして得られたリストは
(環境変数 1，環境変数 2，…) という形式となり、事実の内容が異なれば変数の値
も異なるので環境変数 1 が $x=mimi，$y=momo、また環境変数 2 が $x=emma，
$y=olivia というように複数の組み合わせが扱えるようになっています。

❏ 前向き推論実行プログラム

　リスト 5-2 およびリスト 5-3 は、前向き推論を実行する 2 種類の実例です。プ
ログラムはルールと事実のデータ設定と前向き推論エンジンの呼び出しで構成さ
れます。

リスト 5-2　ForwardChain1.scala　前向き推論実行プログラム（その 1）

```
package ex05

import scala.collection.immutable.HashMap

object ForwardChain1 extends InferenceEngineForward with App {
  rules = ruleReader("""
    $x parent $y          # xの親はyである
    $y is-a $z            # yはzである
    ->                    # ならば
    $x is-a $z            # xはzである
  ,
    $x has claws          # xは鋭い爪を持つ
    $x has forward_eyes   # xは目が正面についている
    ->                    # ならば
    $x is-a carnivore     # xは肉食動物である
  ,
    $x is-a carnivore     # xは肉食動物である
    $x has black_stripes  # xは黒い縞を持つ
    $x says gaooooo       # xはガオーと鳴く
    ->                    # ならば
    $x is-a tiger         # xはトラである
  ,
    $x is-a carnivore     # xは肉食動物である
    $x has black_stripes  # xは黒い縞を持つ
```

```
    $x says nyaa              # xはニャーと鳴く
    ->                        # ならば
    $x is-a tabby             # xはトラネコである
""")

facts = factReader("""
    momo has claws
    momo has forward_eyes
    momo has black_stripes
    momo says nyaa
    mimi parent momo
""")

forward                       // 前向き推論実行
}
```

実行結果

```
--- 生成された事実 -------------------------
List(List(momo, is-a, carnivore))  … momoは肉食動物である
List(List(momo, is-a, tabby))      … momoはトラネコである
List(List(mimi, is-a, carnivore))  … mimiはmomoの子なので肉食動物である
List(List(mimi, is-a, tabby))      … 同様にトラネコである
```

リスト 5-3　ForwardChain2.scala　前向き推論実行プログラム（その2）

```
package ex05

import scala.collection.immutable.HashMap

object ForwardChain2 extends InferenceEngineForward with App {
  rules = ruleReader("""
     $x は $y である
     $y は $z である
     ->
     $x は $z である
  ,
     $x は 羽 を持つ
     ->
     $x は 鳥 である
""")
```

5.2　前向き推論　85

```
  facts = factReader("""
    ピヨ は 羽 を持つ
    鳥 は 動物 である
  """)

  forward              // 前向き推論実行
}
```

実行結果

```
--- 生成された事実 --------------------------
List(List(ピヨ, は, 鳥, である))         … 羽を持つので鳥である
List(List(ピヨ, は, 動物, である))       … 鳥は動物なのでピヨも動物である
```

変数 rules および facts には文字列でルールを与えて ruleReader および factReader メソッドでリストデータに変換しています。ルールの構文は次のような形式であり、空白区切りの単語で表現し、単語に$がつくと変数となります。

単語 単語 単語 ~	… 前提条件($変数名で変数、#はコメントを表す)
単語 単語 単語 ~	… 〃
->	… 前提条件と結論の区切り
単語 単語 単語 ~	… 結論
,	… ルールとルールの区切り

5.3 後ろ向き推論

❑ 後ろ向き推論エンジンプログラム

リスト 5-4 は後ろ向き推論エンジンのプログラムです。

リスト 5-4 InferenceEngineBackward.scala 後ろ向き推論エンジンプログラム
```
package ex05
```

```scala
import scala.collection.immutable.HashMap
import scala.collection.mutable.HashSet

// 後ろ向き推論エンジンクラス（前向き推論エンジンクラスを継承）
class InferenceEngineBackward extends InferenceEngineForward {
  type Sol = HashMap[String,String]     // 解答変数の型定義

  // パターンマッチ（p1、p2両方に変数可）
  def patMatchDual(p1: Pat, p2: Pat, env: Env = new Env,
    sol: Sol = new Sol): (Env,Sol) = {
    (p1, p2) match {
      case (Nil,Nil) => (env, sol)
      case (_,Nil) | (Nil,_) => (null, null)
      case (a::aa,b::bb) if b(0) == '$' =>    // p2側に変数がある場合
        if (sol.contains(b)) {
          if (sol(b) == a) patMatchDual(aa, bb, env, sol) else null
        } else {
          patMatchDual(aa, bb, env, sol + (b -> a))
        }
      case (a::aa,b::bb) if a(0) == '$' =>    // p1側に変数がある場合
        if (env.contains(a)) {
          if (env(a) == b) patMatchDual(aa, bb, env, sol) else null
        } else {
          patMatchDual(aa, bb, env + (a -> b), sol)
        }
      case (a::aa,b::bb) if a == b =>
                                    patMatchDual(aa, bb, env, sol)
      case _ => (null, null)
    }
  }

  def actionMatch(actions: List[Pat], pat: Pat,
            env: Env = new Env, sol: Sol = new Sol): (Env,Sol) =
{
    actions match {
      case Nil => (null, null)
      // patMatchDualの結果を返す、結果がnullならactionMatchの値を返す
      case a::aa => Option(patMatchDual(a, pat, env, sol))
                         .getOrElse(actionMatch(aa, pat, env, sol))
    }
```

```
}

def applyVal(sol: Sol, env: Sol): Sol = {
  // 解答変数の値が変数名ならenvから値を取得して置き換える
  sol.map(s => if (s._2(0) == '$')
                  s._1 -> env.get(s._2).getOrElse(s._2) else s)
}

def deduceFact(pat: Pat, pSet: HashSet[Pat], env: Env):
                                                List[Sol] = {
  // 事実が導けるか調べる
  var sols: List[Sol] = Nil       // 解答変数のリスト
  for (rule <- rules) {
    rule match {
      case conds::acts::Nil =>  // ruleから条件部とアクション部を取り出す
        // アクション部とマッチ試す
        val (env1, var1) = actionMatch(acts, pat)
        if ((env1, var1) != (null, null)) {
          // マッチすれば条件部に対してさらに後ろ向き推論、解solsに追加
          sols ++= backwardMatch(conds.map(
            applyEnv(_, env1)), pSet).
            map(applyVal(var1 ++ env, _)).map(applyVal(_, env1))
        }
      case _ =>
    }
  }
  sols
}

def backwardMatch1(pat:Pat, pSet:HashSet[Pat], env:Env):
                                                List[Sol] = {
  if (pSet.contains(pat)) return Nil    // 同じルールによるループ防止
  val pat1 = applyEnv(pat, env)         // 環境変数を適用しておく
  // 事実が存在するか調べる
  val sols1 = facts.map(patMatch(pat1, _, env)).filter(_ != null)
  // 事実が導けるか調べる
  val sols2 = deduceFact(pat1, pSet + pat1, env)
  sols1 ::: sols2                       // それらの解を連結
}

def backwardMatch(patterns: List[Pat], pSet: HashSet[Pat]
```

```
                  = new HashSet(), env: Env = new Env): List[Sol] = {
    patterns match {
      case Nil => List(env)
      // 1つのパターン(質問)に対して後ろ向き推論
      case pat::tail => backwardMatch1(pat, pSet, env).map(
        backwardMatch(tail, pSet, _)).flatten  // 残りパターンも推論
    }
  }

  def backward(patterns: List[Pat]) {
    val solutions = backwardMatch(patterns)
    println("--- 導き出された解 ------------------------")
    solutions.foreach(println(_))
    println("--- 導き出された事実 ------------------------")
    solutions.foreach(s => patterns.foreach(
                                p => println(applyEnv(p, s))))
  }
}
```

❏ 後ろ向き推論実行プログラム

リスト5-5およびリスト5-6、後ろ向き推論を実行する2種類の実例です。

リスト5-5　BackwardChain1.scala　後ろ向き推論実行プログラム（その1）
```
package ex05

import scala.collection.immutable.HashMap

object BackwardChain1 extends InferenceEngineBackward with App {
  rules = ruleReader("""
    $x parent $y              # xの親はyである
    $y is-a $z                # yはzである
    ->                        # ならば
    $x is-a $z                # xはzである
,
    $x has claws              # xは鋭い爪を持つ
    $x has forward_eyes       # xは目が正面についている
    ->                        # ならば
```

```
      $x is-a carnivore          # xは肉食動物である
,
      $x is-a carnivore          # xは肉食動物である
      $x has black_stripes       # xは黒い縞を持つ
      $x says gaooooo            # xはガオーと鳴く
      ->                         # ならば
      $x is-a tiger              # xはトラである
,
      $x is-a carnivore          # xは肉食動物である
      $x has black_stripes       # xは黒い縞を持つ
      $x says nyaa               # xはニャーと鳴く
      ->                         # ならば
      $x is-a tabby              # xはトラネコである
  """)

  facts = factReader("""
     momo has claws
     momo has forward_eyes
     momo has black_stripes
     momo says nyaa
     mimi parent momo
  """)

  backward(List(List("$who", "is-a", "$animal")))   // 後ろ向き推論実行
}
```

実行結果

```
--- 導き出された解 ------------------------
Map($who -> mimi, $animal -> carnivore)
Map($who -> mimi, $animal -> tabby)
Map($who -> momo, $animal -> carnivore)
Map($who -> momo, $animal -> tabby)
--- 導き出された事実 ------------------------
List(mimi, is-a, carnivore)
List(mimi, is-a, tabby)
List(momo, is-a, carnivore)
List(momo, is-a, tabby)
```

リスト5-6　BackwardChain2.scala　後ろ向き推論実行プログラム（その2）

```
package ex05

import scala.collection.immutable.HashMap

object BackwardChain2 extends InferenceEngineBackward with App {
  rules = ruleReader("""
    $x は $y である
    $y は $z である
    ->
    $x は $z である
  ,
    $x は 羽 を持つ
    ->
    $x は 鳥 である
  """)

  facts = factReader("""
    ピヨ は 羽 を持つ
    鳥 は 動物 である
  """)

  backward(List(List("ピヨ", "は", "$何", "である"))) // 後ろ向き推論実行
}
```

実行結果

```
--- 導き出された解 -------------------------
Map($何 -> 動物)
Map($何 -> 鳥)
--- 導き出された事実 -----------------------
List(ピヨ, は, 動物, である)
List(ピヨ, は, 鳥, である)
```

　1つ目の後ろ向き推論例では次のような質問を与えて、誰($who)が何($animal)であるかを推論します。実行結果では変数$whoと$animalの解として　4つの解答の組み合わせが得られています。

```
質問      $who is-a $animal
                ↓
推論結果
解答1    $who -> mimi, $animal -> carnivore   …(mimi は肉食動物である)
解答2    $who -> mimi, $animal -> tabby       …(mimi はトラネコである)
解答3    $who -> momo, $animal -> carnivore   …(momo は肉食動物である)
解答4    $who -> momo, $animal -> tabby       …(momo はトラネコである)
```

2つ目の後ろ向き推論例では次のような質問を与えて、ピヨが何であるかを推論します。実行結果では2つの解答の組み合わせが得られ、鳥であり動物であることが導かれました。

```
質問      ピヨ は $何 である
                ↓
推論結果
解答1    $何 -> 動物                          …(ピヨは動物である)
解答2    $何 -> 鳥                            …(ピヨは鳥である)
```

第 6 章　人工生命と NPC

6.1 ランダムな動き

❏ 移動方向と方向転換のランダム決定

　ゲーム AI はキャラクタが自律的に動作し知的な振る舞いを模倣することで、あたかも敵自身が考えて行動しているようにしてゲームをより面白いものにします。また実世界のリアリティを出すために敵以外のキャラクタも個々に自律行動します。

　自律動作の手法としてボイド（Boids）は人工生命（Artificial Life, Alife）による簡単な自律動作で模倣したプログラム手法です。ここではボイドを作成する前にグラフィックスやキャラクタ移動処理の基礎部分を作成しておきます。

　ゲーム要素の自律的な動きとしてランダムが用いられることが多く、ランダム機能は一般的に 0.0 ≦ x < 1.0 の範囲の実数値を生成する疑似乱数生成機能です。ランダム移動にはランダムな移動方向とランダムな方向転換が考えられます。これらの違いを見てみましょう。

　図 6-1 のランダム移動方向は、繰り返し処理の中で毎回ランダムに 8 方向（停止も含めると 9 通り）に向きを変更します。一見これでよさそうに思えますが、実際に動作させてみると一か所で振動するような動き方になります。これはランダム移動量の -1, 0, 1 がほぼ同じ確率で生成されるため平均的に 0 になってしまい、その位置から大きく移動できない動きとなります。

　一方、図 6-2 のランダム方向転換は、現在の方向に一直線に連続して進んでいき、条件によってランダムに方向を変更します。dx は横方向の移動量であり、この値を変更しなければ横方向の動き（左、右、横の変化なし）はずっと同じままです。そしてある条件が成立すれば dx を再計算するようにします。

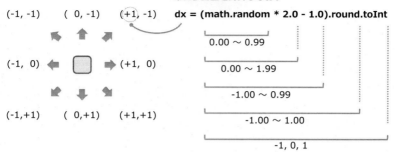

図6-1 ランダムな移動方向

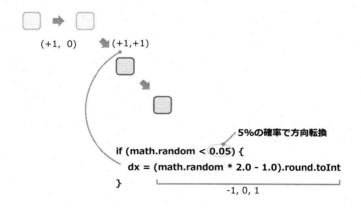

図6-2 ランダムな方向転換

さらに、条件にもランダム機能を使えば条件成立も不規則になり、条件成立の頻度（確率）を低くすると、より長距離を連続移動するようになります。

❑ ランダム移動方向プログラム

リスト6-1はランダム移動方向プログラムです。グラフィックスウィンドウを作成し、30個のキャラクタをランダムに動かします。

リスト6-1　BoidApp.scala　ランダム移動方向プログラム

```scala
package ex06

import javafx.application.Application
import javafx.scene._
import javafx.stage._
import javafx.scene.layout._
import javafx.scene.canvas._
import javafx.scene.shape._
import javafx.scene.text._
import javafx.scene.effect._
import javafx.scene.control._
import javafx.geometry._
import javafx.scene.paint.Color
import javafx.event.EventHandler
import javafx.animation._

// アプリケーション起動オブジェクト
object BoidAppMain {
  def main(args: Array[String]) {
    Application.launch(classOf[BoidApp], args: _*)
  }
}

// グラフィックスウィンドウアプリケーションクラス
class BoidApp extends Application {
  val w = 800                                   // ウィンドウ内部の幅
  val h = 800                                   // ウィンドウ内部の高さ
  val count = 30                                // 個体数
  val range = 100                               // 個体発生位置範囲
  val pane = new Pane
  val shapes = pane.getChildren                 // 全図形
  var boids: Array[Boid] = null                 // 全個体
  var active = true                             // スレッド継続フラグ

  override def init() {                         // 初期化処理
    boids = Array.fill(count)(new Boid(this))   // 全個体生成
  }

  override def start(stage: Stage) {            // 開始処理
```

```scala
      stage.setScene(new Scene(pane, w, h))
      stage.show

      new Thread() {                               // 移動計算スレッド
        override def run() {
        while (active) {
            for (b <- boids) {
              b.moveDecide                         // 移動量決定
              b.move                               // 移動位置計算
            }
            Thread.sleep(15)                       // 速度調整
          }
        }
      }.start

      new AnimationTimer {                         // 描画タイマー処理
        override def handle(now: Long) {
          for (b <- boids) {
            b.draw                                 // 描画
          }
        }
      }.start
  }

  // 終了時の処理(スレッド継続フラグオフ)
  override def stop() { active = false }
}

// Boid個体クラス
class Boid(app: BoidApp) {
  var x, y = app.w / 2 + app.range * (math.random - 0.5)
  var dx, dy = 1.0
  val shape = new Rectangle(10, 10)                // 図形生成
  app.shapes.add(shape)                            // 図形追加

  def moveDecide() {
    dx = (math.random * 2.0 - 1.0).round.toInt     // ランダム移動方向
    dy = (math.random * 2.0 - 1.0).round.toInt
  }

  def move() {
```

```
    x += dx
    y += dy
    // 壁なら方向転換
    if (x < 0 || x >= app.w) { dx = -dx; x += dx * 2 }
    if (y < 0 || y >= app.h) { dy = -dy; y += dy * 2 }
  }

  def draw() {
    shape.setX(x-5)                              // 図形座標を変更
    shape.setY(y-5)
  }
}
```

図6-3のようにメインのアプリケーションスレッドは`AnimationTimer`クラスを利用して一定時間おきにキャラクタである全 `Boid` オブジェクトの再描画を繰り返します。再描画は`JavaFX`のシーングラフの機能を活用します。これはウィンドウ上のあらゆる要素が統一的に管理され、図形（`Shape`）の描画などを`JavaFX`に任せることができます。

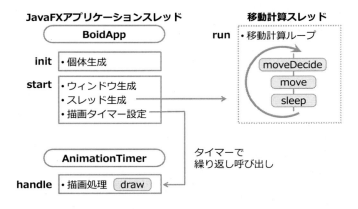

図6-3　マルチスレッドによる位置計算と描画

実際の描画処理の `draw` メソッドでは、グラフィックス描画命令を駆使して画面消去、色設定、図形描画、ダブルバッファリングといった一般的なグラフィッ

クス処理は記述しておらず、単に図形要素の描画位置を設定しているだけなので簡潔かつ効率的です。

一方、各個体の位置は移動計算スレッドによって位置を変化させていきます。移動計算スレッドは new Thread() { … }.start によって生成し、各 Boid のランダム移動方向を生成する moveDecide メソッドと、座標計算を行う move メソッドを繰り返し呼び出します。

このようにメインスレッドは必要最低限の描画処理を繰り返し、移動計算を別のスレッドで動作させることで複雑な処理内容に発展してもプログラム全体としてスムーズな動作と効率よい CPU 利用ができます。

図 6-4 はランダム移動方向プログラムを実行させたウィンドウ画面です。

図 6-4　ランダム移動方向プログラムの実行結果

moveDecide メソッドでのランダム移動方向の決定は、次のように現在座標に対する移動量 dx, dy を-1,0,1にランダムに決定します。この方法では移動量は平均的に 0 になるのでキャラクタは大きく移動せず、例えるなら振動する微生物のような動き方になります。

```
dx = (math.random * 2.0 - 1.0).round.toInt    // ランダム移動方向
dy = (math.random * 2.0 - 1.0).round.toInt
```

❏ ランダム方向転換プログラム

　リスト 6-2 はランダム方向転換プログラムです。これはランダム移動方向プログラムをベースに、Boid クラスを継承する Boid1 クラスを作成します。

リスト6-2　BoidApp1.scala　ランダム方向転換プログラム

```
package ex06

import javafx.application.Application

// アプリケーション起動オブジェクト
object BoidApp1Main {
  def main(args: Array[String]) {
    Application.launch(classOf[BoidApp1], args: _*)
  }
}

// グラフィックスウィンドウアプリケーションクラス
class BoidApp1 extends BoidApp {
  override def init() {                            // 初期化処理
    boids = Array.fill(count)(new Boid1(this))     // 全個体生成
  }
}

// Boid1個体クラス（Boidから派生）
class Boid1(app: BoidApp) extends Boid(app) {
  override def moveDecide() {                      // ランダムに方向変換
    if (math.random < 0.05)
        dx = (math.random * 2.0 - 1.0).round.toInt
```

6.1 ランダムな動き　99

```
    if (math.random < 0.05)
        dy = (math.random * 2.0 - 1.0).round.toInt
  }
}
```

　グラフィックスウィンドウを生成するBoidApp1クラスはBoidAppから継承し、ボイド生成処理のinitメソッドのみ再定義し、その中でBoidクラスの代わりにBoid1クラスを使って個体生成しています。またBoid1クラスは基本機能をBoidクラスから継承しており、移動方向を決定するmoveDecideメソッドのみを再定義しています。

　図6-5はランダム方向転換プログラムを実行させたウィンドウ画面です。

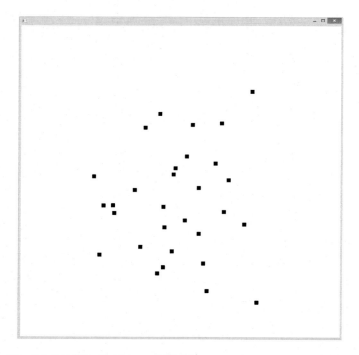

図6-5　ランダム方向転換プログラムの実行結果

移動量 dx, dy は次のように、5%（0.05）の確率で再計算し、それ以外は移動方向を維持する処理になっています。今度の実行結果では各個体が虫のように広範囲に移動しています。

```
if (math.random < 0.05)
    dx = (math.random * 2.0 - 1.0).round.toInt
if (math.random < 0.05)
    dy = (math.random * 2.0 - 1.0).round.toInt
```

6.2 Boid アルゴリズム

❏ 群れのルール

ボイド（Boids）アルゴリズムは Craig Raynolds によって考案された「群れ」の行動を模倣する人工生命シミュレーションです。このアルゴリズムをベースとしてゲームや映画などの CG 映像にも活用されています。

群れの動きを作るためには各個体による独立した移動ではなく、他の個体の状況に合わせて移動量を計算していきます。この計算は次のような群れのルールによって構成されます。

①結合（Cohesion）　　…　群れの中心に向かう
②分離（Separation）　…　ぶつからないよう距離をとる
③整列（Alignment）　 …　群れと同じ方向と速度に合わせる

群れのルールでは、図 6-6 のように、まず「結合」によって群れが中心部に集合するようになります。また、このままでは 1 か所にかたまって衝突状態になるので、次に「分離」によって各個体が衝突しないように一定距離を保つようにします。これで衝突せずに集まることができますが、密集した状態で個々が無秩序に動き続ける状態となります。群れとして一定方向に向かっていく秩序ある群れ移動にするために、次に「整列」によって群れ全体の移動方向と速度に近づける

ことで、群れがひとかたまりで同じ方向に移動していくことになります。

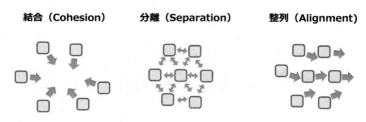

図6-6 群れの移動ルール

❏ Boidプログラム

リスト6-3はBoidプログラムです。ランダム移動方向のBoidクラスをもとに群れの機能を実装したBoid2クラスを作成します。

リスト6-3　BoidApp2.scala　Boidプログラム

```scala
package ex06

import javafx.application.Application

// アプリケーション起動オブジェクト
object BoidAppMain2 {
  def main(args: Array[String]) {
    Application.launch(classOf[BoidApp2], args: _*)
  }
}

// グラフィックスウィンドウアプリケーションクラス
class BoidApp2 extends BoidApp {
  val chohesionRate = 0.01       // 結合パラメータ(群れの中心に向かう強さ)
  val separationDis = 25         // 分離パラメータ(ぶつからないための距離)
  val alignmentRate = 0.5        // 整列パラメータ(群れに合わせる強さ)
  val speedLimit = 8
```

```
    override def init() {              // 初期化処理
      boids = Array.fill(count)(new Boid2(this))      // 全個体生成
    }
  }

  // Boid2個体クラス（Boidから派生）
  class Boid2(app: BoidApp2) extends Boid(app) {
    override def moveDecide() {        // 移動量決定処理を置き換える
      chohesion                        // 結合（群れの中心に向かう）
      separation                       // 分離（ぶつからないよう距離をとる）
      alignment                        // 整列（群れと同じ方向と速度に合わせる）
      val rate = math.sqrt(dx*dx + dy*dy) / app.speedLimit
      if (rate > 1.0) {                // 速度制限
        dx /= rate
        dy /= rate
      }
    }

    def chohesion() {                  // 結合（群れの中心に向かう）
      val cx = app.boids.map(_.x).sum / app.count
      val cy = app.boids.map(_.y).sum / app.count
      dx += (cx - x) * app.chohesionRate
      dy += (cy - y) * app.chohesionRate
    }

    def separation() {                 // 分離（ぶつからないよう距離をとる）
      for (o <- app.boids if o != this) {
        val ax = o.x - x
        val ay = o.y - y
        val dis = math.sqrt(ax*ax + ay*ay)
        if (dis < app.separationDis) {
          dx -= ax
          dy -= ay
        }
      }
    }

    def alignment() {                  // 整列（群れと同じ方向と速度に合わせる）
      val ax = app.boids.map(_.dx).sum / app.count
      val ay = app.boids.map(_.dy).sum / app.count
      dx += (ax - dx) * app.alignmentRate
```

```
    dy += (ay - dy) * app.alignmentRate
  }
}
```

　グラフィックスウィンドウの `BoidApp2` クラスでは、群れ移動のための各種パラメータ変数を用意し、各個体から共通に参照できるようにします。群れ機能を持つ個体の `Boid2` クラスの移動方向を決定する `moveDecide` メソッドでは、`chohesion`, `separation`, `alignment` メソッドを呼び出して群れのルールに従った移動量を計算します。

　`chohesion`（結合）メソッドは、全個体の座標合計値を個体数で割った平均計算によって群れの中心座標を求めます。自分と中心との差に結合パラメータ `chohesionRate` を掛けた値を `dx`, `dy` に加えることで、差が大きく離れているほど移動量 `dx`, `dy` の修正量が大きくなり中心に近づいていきます。

　`separation`（分離）メソッドは、自分以外の全個体に対して直線距離を計算し、一定距離以内に接近している個体がいれば、それから離れるように `dx`, `dy` を修正します。これによって個体どうし一定距離が保たれるようになります。

　`alignment`（整列）メソッドは、全個体の移動量の平均計算によって群れ全体の平均移動量つまり方向ベクトルを求め、それに近づけるように `dx`, `dy` を修正します。これによって群れの平均的な移動方向と速度に合わせるようになります。

　さらに 3 つのルールの移動量修正によって `dx`, `dy` が大きすぎる値になった場合は、さらに変数 `speedLimit` を用いて速度が不自然に速くならないよう調整しています。

　図 6-7 は Boid プログラムを実行させたウィンドウ画面です。群れのルールによって、鳥や魚の群れのように全個体が秩序を保って移動しています。

　なお `moveDecide` 内で実験的に `chohesion`, `separation`, `alignment` メソッドを一つずつ機能させてみる（他を // でコメント文にする）と、それぞれの個体移動制御の動きを見ることができます。

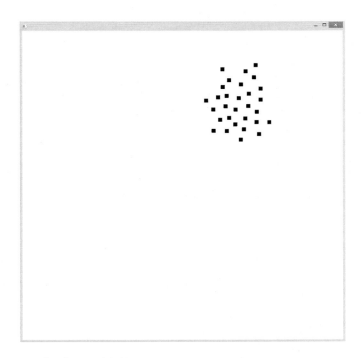

図 6-7　Boid プログラムの実行結果

6.3　ノンプレイヤーキャラクタとゲームスレッド

❏ ゲームの構成

　キャラクタを自律移動させるゲームのしくみを見ていきましょう。ここでは図 6-8 のようなグラフィックスウィンドウを使ったゲームを題材にします。

　ゲームの構成要素は、壁や道を表す四角いユニット（マス）で構成されるマップ情報、マップの中を移動するプレイヤーと複数のノンプレイヤーキャラクタ（Non Player Character，NPC）です。プレイヤーはキーボード操作による移動、NPC はランダム方向転換で移動し、全キャラクタは衝突判定を行います。なお、攻撃や勝敗処理などはまだ実装しない非常に基礎的な実験的バージョンです。

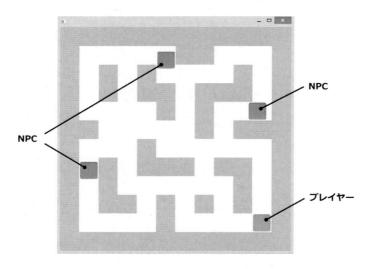

図 6-8　ゲームのウィンドウ

図 6-9 はゲームを構成するクラスを表したものです。

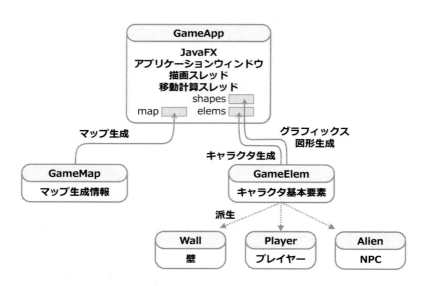

図 6-9　ゲームを構成するクラス

プログラムのメイン処理であり各要素生成などの初期化やグラフィックス描画およびキャラクタの移動計算スレッド処理を行う GameApp クラス、マップ情報生成用の GameMap クラス、様々な種類のキャラクタの共通機能を実装する GameElem クラス、そして GameElem から派生させた Wall（壁）クラス、Player クラス、Alien（NPC）クラスで構成されています。このようにオブジェクト指向プログラミングによって機能ごとにプログラミングを進めていきます。

❑ マップ構築プログラム

　リスト 6-4 はゲームの部分プログラムであるマップ構築プログラムです。マップ情報は文字列として用意し、構成要素である壁、道、プレイヤー、NPC を記号で表します。makeMap メソッドは文字列表現のマップ情報を整数型の 2 次元配列に変換します。そして、後に出てくるゲームのプログラムで使用する予定です。

リスト 6-4　GameMap.scala　マップ構築プログラム

```
package ex06

// ゲームマップオブジェクト
object GameMap {
  var r, c = 0              // 行列サイズ
  val mark = "__#○@"        // マーク（道、壁、プレイヤー、NPC）
  val mapData =
"""
############
#@_____##___@#
#__#__#_____#__#
#__#__##__###__#
#_____#__#____#
##_____#__###
#____#_____#
#__#__###__##__#
#__#_____#__#
#__##__#__#__#
#@____#_____○#
############
```

```
    """

      def makeMap() = {
        val a = mapData.split("¥¥n").map(_.trim).filter(_ > "").
            map(_.split("")).map(mark.indexOf(_)))
        r = a.length
        c = a(0).length
        a
      }
    }
```

❑ キャラクタ基本要素プログラム

リスト 6-5 はゲームの部分プログラムであるキャラクタ基本要素プログラムです。壁、プレイヤー、NPC などのもととなる GameElem クラスを作成し、キャラクタに共通する機能を実装しておきます。

リスト 6-5　GameElem.scala　キャラクタ基本要素プログラム

```
package ex06

import javafx.scene.shape._
import javafx.scene.input._
import javafx.scene.paint.Color
import scala.collection.mutable.ArrayBuffer

// キャラクタ基本要素クラス
class GameElem(app: GameApp)  {
  var typ, dir, x, y, r, c = 0       // 種類、方向、座標、行、列
  var shape: Shape = null            // グラフィックス要素
  var reached = false                // ユニットにぴったり到達したか

  def setShape(shp: Shape) {
    shape = shp
    app.shapes.add(shape)            // 図形追加
  }

  def move() {}
```

```
  def draw() {                          // 描画処理（シーングラフにアクセス）
    shape.setLayoutX(x)                 // 図形座標を変更
    shape.setLayoutY(y)
  }

  def setPos(x1: Int, y1: Int) {        // 位置更新
    x = x1
    y = y1
    r = y / app.uh
    c = x / app.uw
    reached = (y % app.uh == 0 && x % app.uw == 0)
  }
}

object GameElem {
  val ROAD = 0                          // 通路
  val WALL = 1                          // 壁
  val PLAYER = 2                        // プレイヤー
  val ALIEN = 3                         // 敵

  // キャラクタ配列生成
  def makeElems(m: Array[Array[Int]], app: GameApp,
                                  makeElem: (Int) => GameElem) = {
    val elems = new ArrayBuffer[GameElem]
    for (r <- 0 until m.length;
         c <- 0 until m(r).length if m(r)(c) != ROAD) {
      val e = makeElem(m(r)(c))
      e.typ = m(r)(c)
      e.setPos(c * app.uw, r * app.uh)
      if (e.typ == WALL) {
        e.draw                          // 壁を描画（図形位置設定）
      } else {
        elems.append(e)                 // キャラクタ配列へ追加
      }
    }
    elems
  }

  def makeElem(typ: Int, app: GameApp) = {    // キャラクタ生成
    typ match {
      case WALL => new Wall(app)
```

6.3 ノンプレイヤーキャラクタとゲームスレッド

```
      case PLAYER => new Player(app)
      case ALIEN => new Alien(app)
      case _ => null
    }
  }
}
class Wall(app: GameApp) extends GameElem(app) {
  val s = new Rectangle(app.uw, app.uh)
  s.setFill(Color.DARKGRAY)
  setShape(s)
}
```

　キャラクタの基本要素である `GameElem` クラスは、まず `class GameElem` によってクラス宣言し、図形構築、位置設定、移動、描画などのキャラクタ要素 1 個分の機能を持ちます。移動処理の `move` メソッドは、プレイヤーや NPC によって移動方法が異なるためまだ処理内容はありません。

　`move` は後にゲームにおけるキャラクタ移動計算スレッド内から呼ばれる予定であり、`move` メソッドが存在していることだけを宣言しています。そして後に出てくるプレイヤーや NPC のクラスで `move` をオーバーライドします。

　さらに `object GameElem` によるオブジェクト宣言は、キャラクタの生成処理を行い、オブジェクトとして用意することで、`GameElem.makeElems(…)`というようにオブジェクト名で直接呼び出すことができます。`makeElems` は生成したキャラクタを配列（`ArrayBuffer`，要素を追加できる配列）として返します。

　`makeElems` メソッドの引数は、次のようにマップ情報 m，ゲームのメインクラス app，そしてキャラクタの生成方法を指定する `makeElem` です。

```
  def makeElems(m: Array[Array[Int]], app: GameApp,
                          makeElem: (Int) => GameElem) = {
```

　引数 `makeElem` は`(Int) => GameElem` という型であり、引数には関数を与えます。こうすることで、後にキャラクタの様々な派生クラスを使った生成処理を関数として与えて柔軟に処理ができます。これは関数型言語における高階関数という機能の活用で、引数にデータを渡す代わりに処理方法を渡すような手法です。

❏ プレイヤー生成プログラム

リスト 6-6 はゲームの部分プログラムであるプレイヤー生成プログラムです。キャラクタ基本要素である GameElem を継承した Player クラスを作成します。

リスト6-6　Player.scala　プレイヤー生成プログラム

```
package ex06

import javafx.scene.shape._
import javafx.scene.input._
import javafx.scene.paint.Color

// プレイヤークラス
class Player(app: GameApp) extends GameElem(app) {
  val s = new Rectangle(app.uw, app.uh)
  s.setArcWidth(15)
  s.setArcHeight(15)
  s.setScaleX(0.9)
  s.setScaleY(0.9)
  s.setStroke(Color.ROYALBLUE)
  s.setFill(Color.CORNFLOWERBLUE)
  setShape(s)
  var lastDx, lastDy = -1

  override def move() {
    var dx, dy = 0
    app.keyCode match {                  // 押されているキーに対する処理
      case KeyCode.LEFT => dx = -1
      case KeyCode.RIGHT => dx = 1
      case KeyCode.UP => dy = -1
      case KeyCode.DOWN => dy = 1
      case KeyCode.ESCAPE =>              // キーが離された後の状態
        // 1マスの中間位置ならば
        if (x % app.uw != 0 || y % app.uh != 0) {
          dx = lastDx                     // 移動を継続
          dy = lastDy
        } else {
          app.keyCode = null
          return
```

```
      }
      case _ => return
    }
    // 壁でなく他のキャラクタに衝突しなければ進む
    val x1 = x + dx
    val y1 = y + dy
    if (!app.isWall(x1, y1) &&
        app.getCollision(this, x1, y1) == -1) {
      setPos(x1, y1)
      lastDx = dx
      lastDy = dy
    }
  }
}
```

Player クラスではグラフィックス表示のための初期化処理を行い、move メソッドをオーバーライドしています。移動処理はキーボードのカーソルキーで移動します。なお、キーが離されても 1 ユニット (1 マス) 分移動完了となるまで移動を継続し、中途半端なところで止まらないようにしています。このような移動制御によって分岐を曲がりやすくしています。

なお app.isWall メソッドは移動先が壁かどうか判定し、app.getCollision メソッドは移動先が他のキャラクタとの衝突を判定する機能で、後に出てくるゲームのクラスに実装します。

❑ NPC 生成プログラム

リスト 6-7 はゲームの部分プログラムである NPC 生成プログラムです。キャラクタ基本要素である GameElem を継承した Alien クラスを作成します。

リスト 6-7　Alien.scala　NPC 生成プログラム

```
package ex06

import javafx.scene.shape._
import javafx.scene.paint.Color

// ノンプレイヤークラス
```

```
class Alien(app: GameApp) extends GameElem(app) {
  var nextDir = 0
  val dirOffset = Array((1, 0), (0, 1), (-1, 0), (0, -1))
  val tryPlan = Array(1, 3, 2)            // 右、左、後
  val s = new Rectangle(app.uw, app.uh)
  s.setArcWidth(15)
  s.setArcHeight(15)
  s.setScaleX(0.9)
  s.setScaleY(0.9)
  s.setStroke(Color.FIREBRICK)
  s.setFill(Color.INDIANRED)
  setShape(s)

  def nextMove() {                        // 移動先候補を選択(ランダム方向転換)
    nextDir = if (math.random < 0.005)
              (dir + 1 + (math.random * 2).round.toInt) % 4 else dir
  }

  def moveExec() {                        // 可能であれば移動実行
    var x1 = x + dirOffset(nextDir)._1
    var y1 = y + dirOffset(nextDir)._2
    if (app.isWall(x1,y1) || app.getCollision(this,x1,y1) != -1) {
      // 後ろに転換する確率は下げる
      nextDir = (nextDir + tryPlan((math.random * 2.1).toInt)) % 4
      x1 = x + dirOffset(nextDir)._1
      y1 = y + dirOffset(nextDir)._2
    }
    if (!app.isWall(x1,y1) && app.getCollision(this,x1,y1) == -1) {
      dir = nextDir           // 壁でなく他のキャラクタに衝突しなければ進む
      setPos(x1, y1)
    }
  }

  override def move() {
    nextMove                              // 次の移動先候補を選ぶ
    moveExec                              // 移動実行
  }
}
```

Alien クラスでは Player クラスと同様にグラフィックス表示のための初期化

処理を行い、move メソッドをオーバーライドしています。移動はランダム方向転換の方式をもとにしており、方向転換のとき特に後ろに変更する確率を下げています。これは、迷路状のマップにおいて壁に衝突して逆方向に向かうと行ったり来たりするような動きが目立つようになる対策です。

❏ ゲームループとマルチスレッドプログラム

リスト 6-8 は処理のメインとなるゲームプログラムです。GameApp クラスはグラフィックスウィンドウ作成、キー入力処理、マップ生成、キャラクタ生成、キャラクタの move メソッドを呼び出し続ける移動計算スレッドの生成と、AnimationTimer による描画処理などを行います。

リスト 6-8　GameApp.scala　ゲームプログラム

```
package ex06

import scala.collection.mutable.ArrayBuffer
import javafx.application.Application
import javafx.scene._
import javafx.stage._
import javafx.scene.layout._
import javafx.event.EventHandler
import javafx.scene.input._
import javafx.animation._

// アプリケーション起動オブジェクト
object GameAppMain {
  def main(args: Array[String]) {
    Application.launch(classOf[GameApp], args: _*)
  }
}

// グラフィックスウィンドウアプリケーションクラス
class GameApp extends Application {
  val uw, uh = 40                        // ユニット幅と高さ
  var w, h: Int = 0                      // ゲーム画面の幅と高さ
  val pane = new Pane
  val shapes = pane.getChildren          // 図形の集まり
```

```scala
  var map: Array[Array[Int]] = null            // マップ情報
  var elems: ArrayBuffer[GameElem] = null      // キャラクタ配列
  var active = true                            // 移動スレッド稼働フラグ
  var keyCode: KeyCode = null                  // キーコード

  override def init() {                        // 初期化処理
    map = GameMap.makeMap
    elems = GameElem.makeElems(map, this, makeElem)
    h = map.length * uh
    w = map(0).length * uw
  }

  def makeElem(typ: Int) = {                   // キャラクタ生成
    typ match {
      case GameElem.WALL => new Wall(this)
      case GameElem.PLAYER => new Player(this)
      case GameElem.ALIEN => new Alien(this)
      case _ => null
    }
  }

  override def start(stage: Stage) {           // 開始処理
    val scene = new Scene(pane, w, h)
    stage.setScene(scene)
    stage.show
    // キー押下時の処理
    scene.setOnKeyPressed(new EventHandler[KeyEvent] {
      def handle(e: KeyEvent) {keyCode = e.getCode }
    })
    // キー解放時の処理
    scene.setOnKeyReleased(new EventHandler[KeyEvent] {
      def handle(e: KeyEvent) {keyCode = KeyCode.ESCAPE }
    })
    new Thread() {                             // 移動計算スレッド
      override def run() {
        while (active) {                       // 稼働フラグが真の間ループ
          // 移動
          for (e <- elems if e.typ >= GameElem.PLAYER) e.move
          Thread.sleep(8)                      // 速度調整
        }
```

```scala
      }
    }.start
    new AnimationTimer {                    // 描画タイマー処理
      override def handle(now: Long) {
        // キャラクタの描画
        for (e <- elems if !(e.typ == GameElem.ROAD ||
                             e.typ == GameElem.WALL)) e.draw
      }
    }.start
  }

  override def stop() { active = false }    // 終了時の処理

  def isWall(x: Int, y: Int) = {            // 壁にぶつかるか？
    val r1 = y / uh
    val c1 = x / uw
    val r2 = (y + uh - 1) / uh
    val c2 = (x + uw - 1) / uw
    map(r1)(c1) == GameElem.WALL || map(r1)(c2) == GameElem.WALL ||
    map(r2)(c1) == GameElem.WALL || map(r2)(c2) == GameElem.WALL
  }

  // 衝突検出
  def getCollision(me: GameElem, x: Int, y: Int): Int = {
    for(other <- elems if other.typ > 1 && other != me) {
      if (math.abs(other.x - x) < uw && math.abs(other.y - y) < uh)
        return other.typ
    }
    -1
  }
}
```

　ゲームは図 6-10 のようなマルチスレッド構造になっています。メインスレッドである JavaFX アプリケーションスレッドではウィンドウやキャラクタの描画処理を実行します。一方移動計算スレッドは new Thread() {…}.start で生成・実行して描画とは異なるスレッドで稼働します。

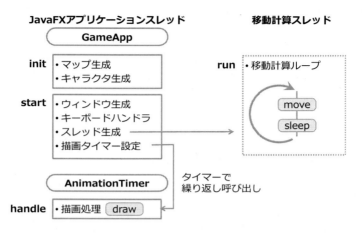

図6-10　ゲームのスレッド処理

　GameApp クラスはまず init メソッドが呼ばれてそこでマップとキャラクタ生成を行います。makeElem メソッドは次のようにキャラクタ生成に渡す生成処理として、プレイヤーは Player クラスで、NPC は Alien クラスで生成します。

　makeElam を独立した処理にしておく理由は、後に Alien クラスから派生させた高機能な Alien2 クラスなどを作成する場合、makeElem をオーバーライドによって再定義して、その中で NPC 生成処理を new Alien2(this)に変更すればプログラムの発展に対応できるオブジェクト指向プログラミングが可能となります。

```
def makeElem(typ: Int) = {                // キャラクタ生成
  typ match {
    case GameElem.WALL => new Wall(this)
    case GameElem.PLAYER => new Player(this)
    case GameElem.ALIEN => new Alien(this)
    case _ => null
  }
}
```

　init の次に呼ばれる start メソッドでは、次のような移動計算スレッドを生成します。Thread.sleep メソッドの待機処理により数ミリ秒間隔で move メソッ

ドが呼び出され続け、全キャラクタが連続的に同時に動くようにします。move は各キャラクタの種類に応じてオーバーライドされた move メソッドが呼ばれます。

```
new Thread() {                          // 移動計算スレッド
  override def run() {
    while (active) {                    // 稼働フラグが真の間ループ
      （全キャラクタの移動, moveメソッド）
      Thread.sleep(8)                   // 速度調整
    }
  }
}.start
```

さらに、描画処理は別スレッド（メインスレッドである JavaFX アプリケーションスレッド）で行う必要があり、AnimationTimer クラスを使用します。ここから呼ばれる draw メソッドでは、move で計算された現在位置を使ってキャラクタを描画します。

```
new AnimationTimer {                    // 描画タイマー処理
  override def handle(now: Long) {
    （全キャラクタの描画, drawメソッド）
  }
}.start
```

なお、移動計算スレッドの move による座標更新と描画スレッドの draw による描画の関係において、両者はマルチスレッドで実行されるため、x, y 座標のうち x のみが更新された時点で描画が起きる可能性があります。AnimationTimer は 1 秒間に数十回呼ばれることと、本プログラムの座標増加量は±1 なので、ずれを体感することはないと思われますが、正確に処理するとしたら x, y 座標更新は同期処理を施す必要があります。これにはセマフォなどのプログラミング言語の同期機能を用いるか、フラグの変数を用意して座標更新中であることがわかるようにして、キャラクタの draw 処理を延期するような工夫も考えられます。

ゲームの基盤となるプログラムは出来上がりましたので、次章では NPC の動作をやや知的にするための機能を追加してみます。

第 7 章　自律行動と追跡

7.1 パンくず拾い

❏ 手掛かりを見つけて追跡する

　NPC にプレイヤーを追跡する機能を実装してみましょう。パンくず拾い（Breadcrumb Path finding）はプレイヤーの通過後に残された痕跡をたどるアルゴリズムです。

　図 7-1 のようにプレイヤーの移動の後には一定の距離（個数）のパンくずが残るようにします。パンくずは足跡などの痕跡を表します。NPC は普段はランダムに動き、パンくずのユニットに来るとそこからパンくずのあるユニットを優先的に選択して移動していくことでプレイヤーを追跡することができます。

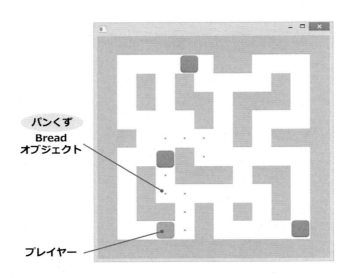

図 7-1　パンくず拾い機能によるゲームプログラムの実行画面

❑ パンくず拾い探索エンジンプログラム

リスト 7-1 はパンくず拾い探索エンジンプログラムです。これを用いて前の章で作成したランダム移動のゲームに機能を追加していきます。

リスト 7-1　Breadcrumbs.scala　パンくず拾い探索エンジンプログラム

```scala
package ex07

import ex06._
import javafx.scene.shape._
import javafx.scene.paint.Color

case class Pos(val r: Int, val c: Int) {}

// パンくず拾いクラス
class Breadcrumbs(len: Int, app: GameApp) {
  var map: Array[Array[Int]] = null        // パンくずが置かれたマップ
  var pList: List[Pos] = Nil               // パンくずの位置リスト
  val dirOffset = Array((1, 0), (0, 1), (-1, 0), (0, -1))
  val tryPlan = Array(0, 1, 3, 2)          // 前、右、左、後の順で調べる
  val bread = Array.fill[Bread](len)(new Bread(app))

  def init(r: Int, c: Int) {
    map = Array.ofDim[Int](r, c)
    bread.foreach(app.elems.append(_))     // 描画対象キャラクタに追加
  }

  def drop(r: Int, c: Int) {               // パンくずを落とす
    if (pList != Nil && pList.length >= len) {
      val pos = pList.head                 // 古い位置を取り出して
      map(pos.r)(pos.c) = 0                // マップから消す
      pList = pList.tail                   // リストから除く
    }
    val p = Pos(r, c)
    // すでにあればまず消す
    if (map(r)(c) != 0) pList = pList.diff(List(p))
    pList = pList :+ p                     // 新たな位置をリストに追加
    map(r)(c) = 1                          // マップに置く
    plotBread
```

```
  }

  def plotBread() {                        // グラフィックス要素位置設定
    var i = 0
    for (p <- pList) {
      val x = ((p.c + 0.5) * app.uw - 2).toInt
      val y = ((p.r + 0.5) * app.uh - 2).toInt
      bread(i).setPos(x, y)
      i += 1
    }
  }

  def trail(r: Int, c: Int, dir: Int): Int = {  // パンくずの方向を探す
    for (i <- 0 to 3) {
      val tryDir = (dir + tryPlan(i)) % 4
      val d = dirOffset(tryDir)
      if (map(r+d._2)(c+d._1) == 1) return tryDir // 見つかった
    }
    return -1                              // 見つからなかった
  }
}

// パンくずキャラクタクラス
class Bread(app: GameApp) extends GameElem(app) {
  val s = new Rectangle(4, 4)
  s.setFill(Color.CORNFLOWERBLUE)
  setShape(s)
  typ = -1
  setPos(-100, -100)                       // 見えない場所に置いておく
}
```

　Breadcrumbsクラスには図7-2のようにパンくずの有無を表したパンくずマップのmap変数、ルートを位置リストで表現したパンくずリストのpList変数を設けます。

　位置情報を表す型としてcase class Posによるケースクラスという特殊なクラスを宣言します。これはPos(r,c)という形でオブジェクトを作成し、この形をそのまま比較条件などに使うことができます。

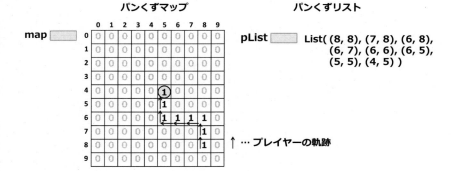

図 7-2　パンくずのデータ構造

　オブジェクトの比較では 2 つのオブジェクトは通常内部の変数が同じ値であっても別のものとして等しくありませんが、ケースクラスの場合は内部の変数が同じならオブジェクトも等しいと比較できます。これによって `pList` 内に対象の位置があるか判断しやすくなります。

　プレイヤーがパンくずを落とす場合は `drop` メソッドを呼び出します。1 個落とすたびに古いものから回収して一定の長さを保ちます。NPC がパンくずをたどる場合は `trail` メソッドによってどの方向に進めばよいか進行方向を得ることができます。

　また、グラフィックスウィンドウ上にパンくずを表示するためにキャラクタ基本要素の `GameElem` クラスから `Bread` クラスを派生させています。パンくず 1 個もキャラクタとして生成することでキャラクタの位置設定や描画などのしくみを活用することができます。

❏ パンくず拾い探索ゲームプログラム

　リスト 7-2 はパンくず拾い探索ゲームプログラムです。パンくず以外の機能はすべて前章の `GameApp` クラスを継承しています。

リスト 7-2　GameApp2.scala　パンくず拾い探索ゲームプログラム

```
package ex07

import ex06._

import javafx.application.Application

// アプリケーション起動オブジェクト
object GameAppMain2 {
  def main(args: Array[String]) {
    Application.launch(classOf[GameApp2], args: _*)
  }
}

// グラフィックスウィンドウアプリケーションクラス
class GameApp2 extends GameApp {
  var bread = new Breadcrumbs(15, this)        // パンくず作成（長さ）

  override def init() {
    super.init
    bread.init(GameMap.r, GameMap.c)           // パンくずマップ作成（行、列）
  }

  override def makeElem(typ: Int) = {          // キャラクタ生成
    typ match {
      case GameElem.PLAYER => new Player2(this)   // 新プレイヤークラス
      case GameElem.ALIEN  => new Alien2(this)    // 新たな敵クラス
      case _ => GameElem.makeElem(typ, this)      // 他は同じ生成法
    }
  }
}

class Player2(app: GameApp2) extends Player(app) {
  override def move() {
    super.move
    if (reached)  app.bread.drop(r,c)  // ユニットを移動したらパンくず落とす
  }
}

// Alienに追加するパンくず機能
```

7.1　パンくず拾い　123

```
trait BreadAlien extends Alien {
  // 移動先候補を選択(パンくず、ランダム方向転換)
  def nextMove(bread: Breadcrumbs) {
    if (reached) {                        // 別ユニットに移動する際パンくずを探す
      var tryDir = bread.trail(r, c, dir)
      if (tryDir != -1) {                 // パンくず発見
        nextDir = tryDir
      } else {                            // ランダム方向転換
        nextDir = if (math.random < 0.005)
                   (dir + (1 + math.random * 3).toInt) % 4 else dir
      }
    } else {
      nextDir = dir
    }
  }
}
// パンくず機能を追加したAlien2クラス
class Alien2(app: GameApp2) extends Alien(app) with BreadAlien {
  override def nextMove() {
    nextMove(app.bread)
  }
}
```

GameApp2 クラスでは new Breadcrumbs(15, this) によって、長さ 15 のパンくずオブジェクトを生成します。キャラクタ生成処理の makeElem 内では Player を Player2 に Alien を Alien2 に置き換えています。

新たな Alien2 クラスは Alien クラスを継承しつつ BreadAlien トレイトをミックスインします。複数のものから派生させるにはトレイトを使います。トレイトは extends の代わりに with を用い、継承でなくミックスインと呼びます。これで Alien クラスと BreadAlien トレイトの 2 つから派生したことになります。BreadAlien トレイトはパンくずの追跡機能を実装してあり、後で他のプログラムでも再利用できるようにトレイトとして独立して作りました。

プレイヤーはパンくずを落とし、NPC はそれを追跡するのでそれらの機能をキャラクタに実装した Player2 および Alien2 クラスを派生させています。Player2 クラスでは移動時にパンくずを落とすので move メソッドをオーバーライドして

Breadcrumbsクラスのdropメソッドを呼び出します。またAlien2クラスでは移動方向を決定するnextMoveメソッドをオーバーライドし、BreadAlienトレイト内でBreadcrumbsクラスのtrailメソッドを呼び出しています。

本バージョンではNPCはパンくずの新しさまでは判定しませんので、逆方向に追跡する場合があります。また、追跡中に他のNPCと衝突するとはじかれてパンくず上から離脱するケースもあります。

7.2 A*アルゴリズム

❏ ターゲットまでの最適ルート

最適ルートを求める手法にA*（Aスター、A-star）アルゴリズムがあります。これは目標位置へ最短の手順で到達できる最適ルートを探索するアルゴリズムです。

この機能をNPCの一つに装備して図7-3のようにプレイヤーを追跡するようにします。各キャラクタは常に移動しているので最適ルートも変動します。そこで追跡者NPCが1ユニット進むたびに最適ルートを再計算することで状況の変化に対応した追跡機能とします。

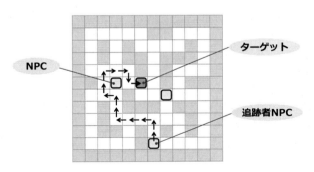

図7-3　A*アルゴリズムによる最適追跡ルート

A*アルゴリズムは以下の手順で最適ルートを探索します。まず図 7-4 のように追跡者 NPC のユニットをスタート (S)、プレイヤーのユニットをゴール (G) とし、初期設定として S を open リストに追加しておき、S のユニットを open 状態にします。

プログラムでは open リスト用にはリストデータを用意し、さらにユニットの open 状態を記憶するためにマップと同サイズの配列を用意しておきます。初期設定が済んだら、open リストのユニットを取り出して中心ユニットとします。最初は open リストに S のユニット 1 つしか入っていないのでそれが中心ユニットです。

次の処理ステップからはそこから移動できる隣接ユニットについて調べていきますが、中心ユニットの S に対し隣接ユニットは S の上下左右の十字位置のうち壁や他の NPC のない道のユニットが対象となります。

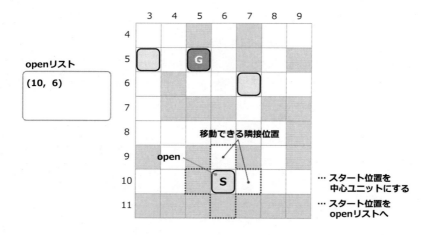

図 7-4　ルート探索（初期状態）

図 7-5 は最初のステップです。中心ユニットを open 状態から closed 状態に変更し、open リストから削除します。隣接ユニットで移動可能な S の上と右のユニットについてコストを計算します。コストは S からの移動ステップ数＋G への距離（壁、他の NPC は無視）で求め、それぞれ 1+5=6 と 1+7=8 となります。

これらのユニットを open にし open リストに追加します。さらに、中心ユニットを移動元として記憶します（図の矢印）。

処理が済んだら、次のステップのために中心ユニットを変更します。新たな中心ユニットは現在の open リストでコストが最小のもの（S の上のユニット、コスト=6）を選びます。

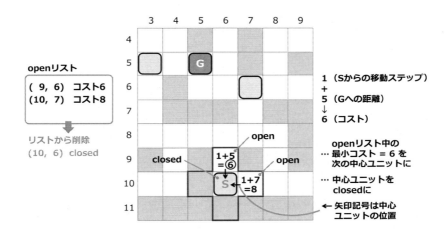

図 7-5 ルート探索（ステップ 1）

図 7-6 のステップでは同じ操作を行います。中心ユニットを closed にして open リストから削除します。なお隣接ユニットは移動可能かつ未 open のものを選びます。

今回は S の 2 つ上のユニットです。このユニットに対し、コスト計算、open への変更、open リストへの追加、移動元の記憶を行います。そして次のステップのために中心ユニットを現在の open リスト中にあるコスト最小（2+4=6）のユニットに変更します。

7.2 A*アルゴリズム　127

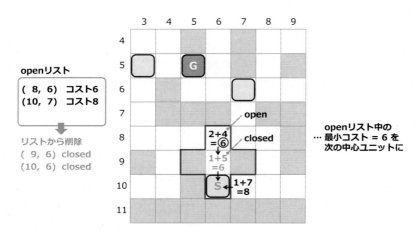

図 7-6　ルート探索（ステップ 2）

図 7-7 のステップも同様です。中心ユニットは S の 2 つ上のユニットになっており、中心ユニットの closed への変更、移動可能かつ未 open ユニットを選び、コスト計算、open への変更、open リストへの追加、移動元の記憶を行います。次の中心ユニットを現在の open リスト中にあるコスト最小（3+3=5）のユニットに変更します。

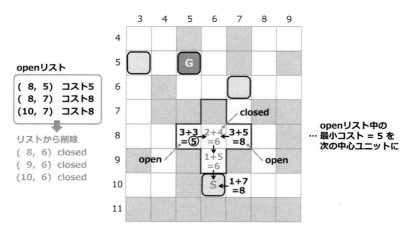

図 7-7　ルート探索（ステップ 3）

図 7-8 は最終ステップの状態です。これまでのステップの繰り返しでは、中心ユニットを closed にすることで通過済みルートとし、隣接ユニットはそこから移動可能なルートとして選択しました。このとき open 済みのユニットは重複処理しないように未 open のユニットを対象とします。

その次の移動先は最小コストによって決定します。コストは S から何ユニット移動してきたかと G までの概算距離を加算します。これによって最短と思われるルートを優先的に調べていきます。

最終的に G の手前まで来ると G までの概算距離が 1 なので、コストは S から G への最小実移動数となりこれが最適ルートを意味します。仕上げとして記憶しておいた移動元ユニット（矢印マーク）を逆にたどって S まで戻ればその道筋が最適ルートとして得られます。

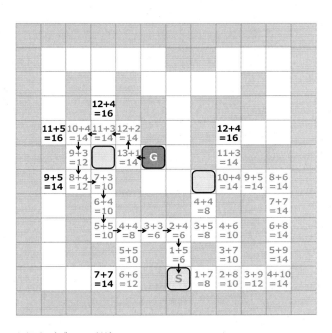

図 7-8 ルート探索（ゴール到着）

❏ A*アルゴリズム追跡エンジンプログラム

リスト7-3はA*アルゴリズム追跡エンジンプログラムです。ユニット情報を記憶するためのAStarUnitクラスとA*アルゴリズムエンジンのAStarクラスを作成します。

リスト7-3　AStar.scala　A*アルゴリズム追跡エンジンプログラム

```
package ex07

import ex06._
import scala.collection.mutable.ArrayBuffer

// A*用ユニット情報クラス
class AStarUnit(val r: Int, val c: Int) {
  var open = 0                  // オープン状態
  var movement = 0              // スタートからの移動数
  var distance = 0              // ゴールまでの距離
  var totalCost = 0             // コスト
  var from: AStarUnit = null

  def calcCost(targetR: Int, targetC: Int) {       // コスト計算
    movement = math.abs(r - from.r) + math.abs(c - from.c) +
                                                    from.movement
    distance = math.abs(r - targetR) + math.abs(c - targetC)
    totalCost = movement + distance
  }
}

// A*アルゴリズムエンジンクラス
class AStar(val app: GameApp) {
  var mapR, mapC = 0                             // マップサイズ
  var aMap: Array[Array[AStarUnit]] = null
  val AStarDir = Array((-1,0),(1,0),(0,-1),(0,1))
  var openList: List[AStarUnit] = Nil            // オープンリスト
  var routeLine = new Route(app)         // ルートのPolyline用キャラクタ

  def init(r: Int, c: Int) {
    app.elems.append(routeLine)
    mapR = r
```

```scala
    mapC = c
    aMap = Array.ofDim[AStarUnit](mapR, mapC)
    for (i <- 0 until mapR; j <- 0 until mapC)
      aMap(i)(j) = new AStarUnit(i, j)
  }

  def Search(r: Int, c: Int, target: Player): AStarUnit = {
    // Polyline用のDouble型
    val a = new ArrayBuffer[java.lang.Double]()
    if (!SearchRoute(r, c, target.r, target.c)) {    // 最適解探索
      routeLine.pos = a
      return null
    }
    var route: List[AStarUnit] = Nil
    var unit = aMap(target.r)(target.c)              // 目的地点
    while (!(unit.r == r && unit.c == c)) {          // 開始地点まで遡る
      route = unit :: route                          // 最適ルートに追加
      unit = unit.from
    }
    for (unit <- route) {
      a += unit.c * app.uw + app.uw / 2              // x座標
      a += unit.r * app.uh + app.uh / 2              // y座標
    }
    routeLine.pos = a.slice(0, a.length-1)    // Polyline用座標に設定
    route.head                                // 最適ルートの1歩目を返す
  }

  def remove(list: List[AStarUnit], target: AStarUnit):
                                              List[AStarUnit]={
    list match {
      case Nil => Nil
      case a::aa => if (a == target) aa
                    else a :: remove(aa, target)
    }
  }

  def movable(r: Int, c: Int) = {            // 移動可能か調べる
    app.map(r)(c) != GameElem.WALL && !app.elems.exists(
        e => e.typ == GameElem. ALIEN && e.r == r && e.c == c)
  }
```

```
def SearchRoute(startR: Int, startC: Int, targetR: Int,
                                 targetC: Int): Boolean = {
  aMap.foreach(_.foreach(_.open = 0))       // 未オープンにしておく
  var unit = aMap(startR)(startC)           // 開始ユニット
  unit.open = 1                             // オープンにする
  openList = List(unit)                     // オープンリストに入れる
  while (openList != Nil) {
    val unit = openList.minBy(_.totalCost)  // 最小コストのものを選択
    if (unit.r == targetR && unit.c == targetC) return true
    unit.open = -1                          // クローズドにする
    openList = remove(openList, unit)       // unitをオープンリストから削除
    for (dir <- AStarDir) {                 // 隣接ユニットを調べる
      val r = unit.r + dir._1
      val c = unit.c + dir._2
      if (r >= 0 && c >= 0 && r < mapR && c < mapC) {
        val around = aMap(r)(c)
        if (around.open == 0 && movable(r, c)) {
          around.open = 1                   // オープンにする
          openList = around :: openList     // オープンリストに追加
          around.from = unit                // どこから来たか記憶
          around.calcCost(targetR, targetC) // コスト計算
        }
      }
    }
  }
  return false
}
```

ユニット情報の **AStarUnit** クラスには open 状態、コスト値、移動元ユニット用の変数を含みます。**calcCost** メソッドはコスト計算を行います。A*アルゴリズムエンジンの **AStar** クラスには **AStarUnit** オブジェクトの配列や open リストを含みます。**Search** メソッドは現在位置からターゲットであるプレイヤーまでの最適ルートを求め、進むべき1歩目のユニット情報を返します。

最適ルートをグラフィックスウィンドウ上に表示するために Route オブジェクトの変数を用いています。これは次のプログラム内で宣言しており最適ルートの各座標情報などを持つものです。

❑ A*アルゴリズム追跡ゲームプログラム

図7-9はA*アルゴリズムによるゲームプログラムの実行画面です。追跡機能を実装したNPCによって常にプレイヤーが追われます。

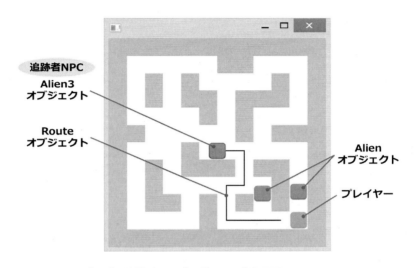

図7-9　A*アルゴリズム追跡ゲームプログラムの実行画面

リスト7-4はA*アルゴリズム追跡ゲームプログラムです。グラフィックスウィンドウアプリケーションの GameApp3、最適ルートのグラフィックス表示用のRouteクラス、追跡機能を実装したNPCのAlien3クラスを作成します。

リスト7-4　GameApp3.scala　A*アルゴリズム追跡ゲームプログラム

```
package ex07

import ex06._
import javafx.application.Application
import javafx.scene.shape._
import javafx.scene.paint.Color
import scala.collection._
import scala.collection.mutable.ArrayBuffer
```

```
// アプリケーション起動オブジェクト
object GameAppMain3 {
  def main(args: Array[String]) {
    Application.launch(classOf[GameApp3], args: _*)
  }
}

// グラフィックスウィンドウアプリケーションクラス
class GameApp3 extends GameApp {
  var astarAlien: AStarAlien = null

  override def init() {
    super.init
    astarAlien.init(this)
  }

  override def makeElem(typ: Int) = {         // キャラクタ生成
    typ match {
      case GameElem.PLAYER => new Player(this)
      case GameElem.ALIEN => {
        val a =                               // 新たな敵クラス
          if (astarAlien == null) {           // 追跡NPCを1つにするため
            astarAlien = new Alien3(this)     // このNPCを追跡者にする
            astarAlien.s.setStroke(Color.BLACK)  // 枠線を強調
            astarAlien
          } else {
            new Alien(this)                   // 他は普通のNPC
          }
        a
      }
      case _ => GameElem.makeElem(typ, this) // 他は同じ生成法
    }
  }
}


// Routeキャラクタクラス
class Route(app: GameApp) extends GameElem(app) {
  var pos = new ArrayBuffer[java.lang.Double](0)
  val p = new Polyline()                      // Polylineでルート表現する
  p.setStrokeWidth(2)
```

```
    setShape(p)
    typ = -2

    override def draw() {
      if (pos != null) {            // ルートが変更されたならPolylineを再セット
        p.getPoints.clear           // Polylineをクリアして座標を再設定する
        p.getPoints.addAll(JavaConversions.asJavaCollection(
                          pos.toIterable))
        pos = null
      }
    }
  }

  trait AStarAlien extends Alien {        // Alienに追加するA*機能
    var astar: AStar = null               // A*エンジン
    var targetPlayer: Player = null       // 追跡対象

    def init(app: GameApp) {
      astar = new AStar(app)
      astar.init(GameMap.r, GameMap.c)    // A*エンジン作成（行、列）
      app.elems.collect{case p:Player => targetPlayer=p}// 追跡対象設定
    }

    def getDir(nextR: Int, nextC: Int) = { // 行と列から方向を得る
      val dy = nextR - r
      val dx = nextC - c
      dirOffset.indexWhere(a => a._1 == dx && a._2 == dy)
    }

    def nextMove(astar: AStar) {          // 移動先候補を選択（AStar）
      if (reached) {                      // 別ユニットに移動するとき再探索
        nextDir = -1
        val unit = astar.Search(r, c, targetPlayer) // 最適ルート探索
        if (unit != null) {               // 最適ルート発見
          nextDir = getDir(unit.r, unit.c)
        }
        if (nextDir == -1) {              // ランダム方向転換
          nextDir = if (math.random < 0.005)
                    (dir + (1 + math.random * 3).toInt) % 4 else dir
        }
```

```
      } else {
        nextDir = dir
      }
    }
  }
}
class Alien3(app: GameApp3) extends Alien(app) with AStarAlien {
  override def nextMove() {
    nextMove(astar)
  }
}
```

　GameApp3 クラスでは、init メソッドをオーバーライドして AStar オブジェクトの初期化を行います。さらに makeElem メソッドをオーバーライドして NPC の1つだけ追跡機能を持つ Alien3 クラスで生成します。Route クラスは GameElem クラスを継承し、これもキャラクタ同様の扱いとしています。他のキャラクタとの違いは、移動しないこと、図形がポリゴンであることなどです。

　今回もパンくずのときと同様に AStarAlien トレイトで A*機能を独立させてあります。Alien3 クラスは基本機能を Alien クラスから継承し、A*機能を AStarAlien トレイトから継承します。移動先を決定する moveNext メソッドでは AStarAlien をトレイト内のにおいて別ユニットに到着したタイミングで AStar オブジェクトの Search メソッドを呼び出して A*アルゴリズムによる最適ルート探索を実行します。そこから次に進むべき方向を決定しています。

　プログラムを実行すると、変化するゲーム状況に応じて最適ルート探索が行われ、プレイヤーを追跡していきます。最適ルートの途中を他の NPC がさえぎった場合は別のルートが検索されます。これは A*アルゴリズムで隣接ユニットを選択する際、NPC のいない移動可能なユニットを選択する処理によるものです。

　なお、A*アルゴリズムは最適で無駄のない追跡手法なので、確実にプレイヤーに迫り、プレイヤーが移動ミスやもたついたりすると距離が縮まってきます。他の NPC を利用するなどしてうまくかわすしかありません。このような場合、ゲームを面白くするために A*による追跡に時間制限を設ける機能、通路や障害物を移動させることができるような機能、あるいは NPC と互角以上に戦闘できる攻撃機能などを実装することでゲームとしての実用性が高まります。

7.3 有限状態マシン

❏ NPCの自律行動システム

さらにNPCの行動パターンにバリエーションをつけ自律性を高めてみましょう。ここでは有限状態マシン（Finite State Machine, FSM）の手法を用います。

有限状態マシンは、各個体がそれぞれ状態（state）を持ち、ある事象（イベント、event）によって別の状態に遷移していくしくみです。例えばターゲットのプレイヤーを追いかける「追跡」状態において「接触」というイベントが発生すると「攻撃」状態に遷移します。

これから作るプログラムにおいて、このような状態とイベントの関係について図7-10のような状態遷移図（State Transition Diagram, STD）で表します。

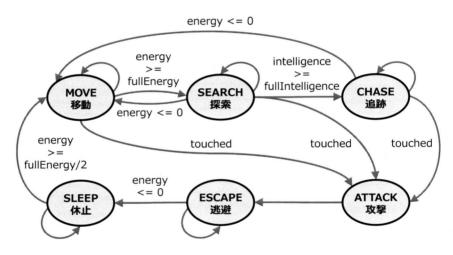

図7-10 状態遷移図

状態遷移図の丸記号は状態を表し、矢印はイベントと遷移先の状態を表しています。イベントにはプログラム中の変数を使った条件式を用いており、energyとintelligenceはエネルギーと知性を数値で表し、touchedはプレイヤーに接触

したかを真理値で表します。

　初期状態は MOVE 状態で始まり、energy が溜まってくると SEARCH 状態になります。intelligence が一定以上では CHASE 状態になります。そして SEARCH および CHASE 状態において energy がゼロになると、いったん MOVE 状態に遷移します。また touched が真になると、ATTACK 状態に遷移します。なお ATTACK から遷移できるのは ESCAPE 状態のみです。その後 SLEEP 状態を経て MOVE 状態に戻ります。

　表 7-1 は energy と intelligence に対してどのように値を増減させるか、あるいは各状態で使用する移動アルゴリズムなどについて設定したものです。一方的に攻撃し続けるような強靭な NPC だとゲームが成立しなくなるため、特性や弱点などを設定するとより面白くなるでしょう。今回は簡易バージョンとして単純な設定にしています。NPC が攻撃（ATTACK）するとエネルギーを大量に消費し、攻撃しない状態（ESCAPE）になります。そして少し移動したのち休止状態（SLEEP）になり、エネルギーの回復を待ちます。

　また、攻撃回数が増えると知性が向上し、より知的な追跡手法（A*アルゴリズム）を用いるようになります。処理を単純にするために逃避（ESCAPE）の移動アルゴリズムにはランダムを用いていますが、プレイヤーから離れていくような処理にするともっと逃避らしくなります。

表 7-1　各状態の行動特性

状態	攻撃に遷移可能	移動アルゴリズム	エネルギー	知性
MOVE　移動	○	ランダム	+0.1（充填）	
SEARCH　探索	○	パンくず	-0.05（消費）	
CHASE　追跡	○	A*	-0.1（消費）	
ATTACK　攻撃		（停止）	-10（消費）	+1（向上）
ESCAPE　逃避		ランダム		
SLEEP　休止		（停止）	+0.1（充填）	

❑ 有限状態マシンプログラム

リスト 7-5 は有限状態マシンのプログラムです。処理内容はちょうど状態遷移図をプログラムで記述した形になっています。ゲームとしての設定は図 7-10 および表 7-1 を反映したものです。

リスト 7-5　FSM.scala　有限状態マシンプログラム

```
package ex07

import ex06._

// 有限状態マシンクラス
class FSM(alien: Alien, app: GameApp) {
  val MOVE          = 1              // 移動(エネルギー貯える)
  val SEARCH        = 2              // 探索(エネルギーやや消費する)
  val CHASE         = 3              // 追跡(エネルギー消費する)
  val ATTACK        = 4              // 攻撃(エネルギーゼロになる、知性上がる)
  val ESCAPE        = 5              // 逃避(エネルギー低下)
  val SLEEP         = 6              // 休止(エネルギー貯える)
  val stateLabel    = Array("", "Move", "Search", "Chase", "Attack",
                            "Escape", "Sleep")

  var state         = MOVE           // 状態
  var energy        = 50.0           // エネルギー
  var intelligence  = 8.0            // 知性
  var touched       = false          // 接触したか

  val fullEnergy        = 100        // エネルギー満タン
  val fullIntelligence  = 10         // 知性高レベル

  def action() {
    state match {
    case MOVE =>                              // 移動状態のとき
      if (touched) state = ATTACK             // プレイヤーに接触したら攻撃する
      // 移動中はエネルギー充てん
      else if (energy < fullEnergy)  energy += 0.1
      // エネルギーが溜まったら探索に移行
      else if (energy >= fullEnergy) state = SEARCH
```

```
    case SEARCH =>                          // 探索状態のとき
      energy -= 0.05                        // 探索中はエネルギー消費
      if (energy <= 0) state = MOVE         // エネルギー切れたら移動に移行
      else if (touched) state = ATTACK// プレイヤーに接触したら攻撃する
      // 知性が高ければ追跡に移行
      else if (intelligence >= fullIntelligence)  state = CHASE

    case CHASE =>                           // 追跡状態のとき
      energy -= 0.1                         // 追跡中はエネルギー消費
      if (energy <= 0) state = MOVE         // エネルギー切れたら移動に移行
      else if (touched) state = ATTACK      // プレイヤーに接触したら攻撃する

    case ATTACK =>                          // 攻撃状態のとき
      energy = math.max(0, energy - 10)     // 攻撃したらエネルギー消費
      intelligence += 1                     // 攻撃経験により知性を上げる
      state = ESCAPE                        // 攻撃後は逃避に移行

    case ESCAPE =>                          // 逃避状態のとき
      energy -= 0.1                         // エネルギー低下していく
      if (energy <= 0) state = SLEEP        // エネルギー切れたら休止に移行

    case SLEEP => // 休止状態のとき
      if (energy < fullEnergy) energy += 0.1  //休止中はエネルギー充てん
      // エネルギーが半分溜まれば移動へ移行
      if (energy >= fullEnergy/2) state = MOVE
    }
  }
}
```

❑ 有限状態マシンゲームプログラム

　図 7-11 とリスト 7-6 は、有限状態マシンによるゲームプログラムの実行画面とリストです。各 NPC には状態とエネルギーを表示させています。

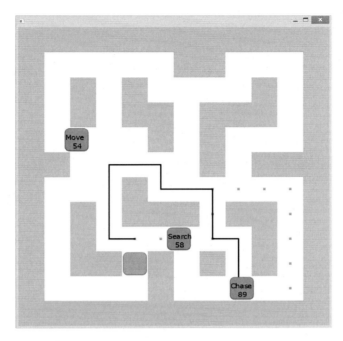

図 7-11　有限状態マシンゲームプログラムの実行画面

リスト 7-6　　GameApp4.scala　有限状態マシンゲームプログラム

```
package ex07

import ex06._
import javafx.application.Application
import javafx.scene.text._

// アプリケーション起動オブジェクト
object GameAppMain4 {
  def main(args: Array[String]) {
    Application.launch(classOf[GameApp4], args: _*)
  }
}

// グラフィックスウィンドウアプリケーションクラス
class GameApp4 extends GameApp {
```

7.3 有限状態マシン　141

```
    var bread = new Breadcrumbs(15, this)        // パンくず作成（長さ）

    override def init() {
      super.init
      bread.init(GameMap.r, GameMap.c)           // パンくずマップ作成（行、列）
      elems.collect{ case p:Alien4 => p.init(this) }
    }

    override def makeElem(typ: Int) = {          // キャラクタ生成
      typ match {
        case GameElem.PLAYER => new Player4(this)
        case GameElem.ALIEN  => new Alien4(this)    // 新たな敵クラス
        case _ => GameElem.makeElem(typ, this)      // 他は同じ生成法
      }
    }
  }

  class Player4(app: GameApp4) extends Player(app) {
    var atteckWait = 0

    override def move() {
      if (atteckWait > 0) {                      // 攻撃ダメージ中
        atteckWait -= 1
        return
      }
      super.move
      if (reached)  app.bread.drop(r,c)          // ユニットを移動したらパンくず落とす
    }
  }

  class Alien4(app: GameApp4) extends Alien(app)
                               with BreadAlien with AStarAlien {
    val fsm = new FSM(this, app)                 // 有限状態マシン作成
    var touchedPlayer: Player4 = null            // 接触プレイヤー
    var atteckWait = 0
    val text = new Text("")                      // 状態表示用
    text.setFont(Font.font ("MeiryoUI", 11))
    app.shapes.add(text)

    override def draw() {
      super.draw
```

```
    text.setX(x + 3)
    text.setY(y + app.uh*0.5)
    text.setText(fsm.stateLabel(fsm.state) + "\n    " +
                                            fsm.energy.toInt)
  }

  override def nextMove() {
    fsm.action
    fsm.state match {
      case fsm.SEARCH => nextMove(app.bread)    // パンくず拾い
      case fsm.CHASE  => nextMove(astar)        // A*アルゴリズム
      case fsm.ATTACK => atteckWait = 50        // 攻撃
                         touchedPlayer.atteckWait = 100
      case fsm.SLEEP =>                          // 休止中は処理なし
      case fsm.MOVE | fsm.ESCAPE => super[Alien].nextMove // ランダム
    }
  }

  override def move() {
    if (atteckWait > 0) {    // 攻撃中
      atteckWait -= 1
      return
    }
    nextMove                           // 次の移動先候補を選ぶ
    astar.routeLine.visible = fsm.state == fsm.CHASE
    // プレイヤーとの衝突判定
    if (fsm.state == fsm.ESCAPE) {     // 逃避中は接触無視
      touchedPlayer = null
    } else {
      touchedPlayer = app.elems.collect{ case p:Player4 => p }
        .find(p =>
          math.abs(p.x - (x + dirOffset(nextDir)._1)) < app.uw &&
          math.abs(p.y - (y + dirOffset(nextDir)._2)) < app.uh
        ).orNull
    }
    fsm.touched = touchedPlayer != null
    // 攻撃中か休止中は移動しない
    if (fsm.touched || fsm.state == fsm.SLEEP) return
    moveExec    // 移動実行
  }
}
```

7.3 有限状態マシン

Alien4 クラスは、有限状態マシンを実装した新たな NPC です。移動アルゴリズムにパンくず拾いと A*アルゴリズムを使用するので、次のように BreadAlien トレイトおよび AStarAlien トレイトをミックスインしています。これは 2 つのクラスから機能を継承する手法であり、そのために 2 つのクラスをトレイトとして用意しておき、通常の extends によるクラス継承の代わりに with によるミックスインを用いています。

```
class Alien4(app: GameApp4) extends Alien(app)
                            with BreadAlien with AStarAlien {
  val fsm = new FSM(this, app)              // 有限状態マシン作成
```

Alien4 クラスでは有限状態マシンの FSM クラスのオブジェクトを変数 fsm として生成しており、これを次のように nextMove メソッドで参照してどのアルゴリズムで移動するかを決定しています。

```
override def nextMove() {
  fsm.action
  fsm.state match {
    case fsm.SEARCH => nextMove(app.bread)    // パンくず拾い
    case fsm.CHASE  => nextMove(astar)        // A*アルゴリズム
    case fsm.ATTACK => atteckWait = 50        // 攻撃
                       touchedPlayer.atteckWait = 100
    case fsm.SLEEP  =>                        // 休止中は処理なし
    case fsm.MOVE | fsm.ESCAPE => super[Alien].nextMove  // ランダム
  }
}
```

第 8 章　機械学習と
　　　　　ニューラルネットワーク

8.1 ニューラルネットワーク

❏ ニューロンモデル

　ニューラルネットワーク（Neural Network, NN）は人間の神経網を模倣するような情報処理システムで、学習機能を持ちパターン認識などに応用されています。
　ニューラルネットワークは図 8-1 のようなニューロンモデル（単純パーセプトロン, Perceptron）を基本構造として、ニューロンをさらにネットワーク状に結合して構成したものです。

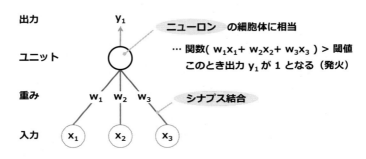

図 8-1　ニューロンモデル（単純パーセプトロン）

　人間のニューロンは核となる細胞体と複数のシナプスで構成され、他のニューロンとネットワーク状に結合しています。そして複数のニューロンから送られた信号からそのニューロンの細胞体が活性化していわゆる発火状態となり、これを他のニューロンへと伝えていきます。このような神経ネットワークでは、学習に

よって特定の刺激パターンを与えると発火して反応を示すようになります。それがパターンを学習して何であるかを判断するしくみとなるわけです。

このときの学習結果とはニューロン間を結合するシナプスの結合度合いを荷重値（重み）として記憶することです。例えば信号が 0.8 で重みが 0.5 なら伝えられる信号は 0.4 になります。

❏ ロジスティック回帰と学習

単純パーセプトロンの構造を持つ計算手法として、図 8-2 のロジスティック回帰（Logistic regression）モデルがあります。これは複数の変数（入力）から発生確率（出力）を予測する手法であり、例えば商品 A，B を購入した客が商品 C を購入する確率は？といった複数の変数に対する回帰分析（変数の関係性から値を予測すること）です。

ロジスティック回帰の構造は単純パーセプトロンと同じであり、ニューラルネットワークの一種と位置付けてもいいでしょう。出力計算にはロジスティック関数を用いて 0.0〜1.0 の出力値をとります。

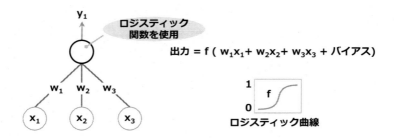

図 8-2　ロジスティック回帰モデル

ロジスティック回帰による出力が 0 か 1 かの判定機能を発展させて複数の種類を分類する多クラス分類ができます。

図 8-3 の多クラスロジスティック回帰では、出力ユニットを複数にしてどの出力が 1 に近いかでどのパターンであるかを分類するしくみです。出力計算にはソ

フトマックス関数を用いて全出力合計が1になるように調整します。

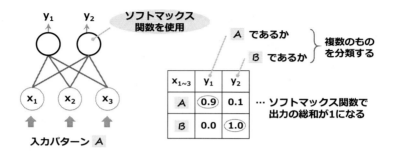

図 8-3　多クラスロジスティック回帰

　多クラスロジスティック回帰はパターン認識に使うことができます。それには入力パターンを与えてそれが何であるかを教える（教師信号を与える）「学習」を繰り返していきます。

　学習のしかたは、図 8-4 のように異なる種類のパターンを入力してそれぞれ何であるかを教えます。これは教師あり学習といい、正しい出力信号を与えてそれに近づくように重みの値を修正する処理を繰り返します。

　適切に学習を終えると、学習に使ったパターンは正しく認識できます。そしてそれらとは多少違っているパターンでも認識できることがあります。これを汎化能力（generalization ability）といい、ニューラルネットワークの重要な目的のひとつです。

　例えば、手書き文字は同じ人間でさえ毎回微妙に異なる文字の形を描きますが、その微妙な違いを許容範囲として認識できる能力が汎化能力であり、これは人間も同じような能力を持っており、形や音などのパターンを認識するのに欠かせない機能です。

　ただし、学習処理を繰り返しすぎると、逆に汎化能力が失われていきます。これを過学習（overfitting）といいます。教えられたものと全く同じものは100%認識できるのに、少しでも異なると認識できなくなる極端な学習状態と言えるでしょう。

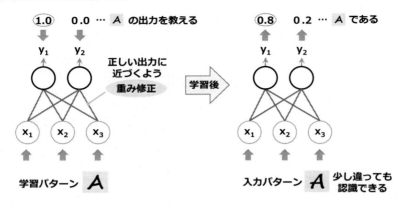

図 8-4　パターンの学習と汎化能力

❏ ロジスティック回帰プログラム

リスト 8-1 はロジスティック回帰プログラムであり、多クラス分類ができるものです。

リスト 8-1　Logistic.scala　ロジスティック回帰プログラム

```
package ex08

class Logistic(val n: Int, val m: Int) {
  val w = Array.fill[Double](m, n)((math.random*2-1)*0.01) // 重み
  val b = Array.fill[Double](m)(0.0)
  val wDelta = Array.ofDim[Double](m, n)        // 重み修正値
  val bDelta = new Array[Double](m)             // 中間層修正値
  val bTmp = new Array[Double](m)               // 中間層作業変数
  val out = Array.ofDim[Double](m)
  val err = Array.ofDim[Double](m)

  // ループ制御構造（カウンタ0〜n-1）
  def loop(n: Int)(body: (Int) => Unit) {
```

```
    var i = 0; while (i < n) { body(i); i += 1 }
  }

  // Σ計算制御構造(カウンタ0〜n-1)
  def sum(n: Int)(body: (Int) => Double) = {
    var i = 0; var s = 0.0; while (i < n) { s+=body(i); i+=1 }; s
  }

  def softmax(x: Array[Double]) {              // ソフトマックス関数
    loop(x.length) { i => x(i) = math.exp(x(i)) }
    val s = x.sum
    loop(x.length) { i => x(i) /= s }
  }

  def forward(data: Array[Double]) {            // 出力計算
    loop(m) { j =>
      out(j) = sum(n) { i => w(j)(i) * data(i) } + b(j)
    }
    softmax(out)
  }

  def accumDelta(x: Array[Double], t: Array[Double]) { // 修正量加算
    loop(m) { j =>
      val err = t(j) - out(j)
      bDelta(j) += err
      loop(n) { i => wDelta(j)(i) += err * x(i) }
    }
  }

  def train(data: Array[Array[Double]], teach: Array[Array[Double]],
      patN: Int, trainN: Int, batchSize: Int, learnRate: Double) {
    val rate = learnRate / batchSize
    loop(trainN * patN / batchSize) { t =>          // 学習ループ
      loop(m) { j =>                                // 修正量初期化ループ
        bDelta(j) = 0.0
        loop(n) { i => wDelta(j)(i) = 0.0 }
      }
      loop(batchSize) { i =>                        // バッチループ
        val idx = (t * batchSize + i) % patN
        forward(data(idx))                          // 出力計算
        accumDelta(data(idx), teach(idx))           // 修正量加算
```

```
      }
      loop(m) { j =>                              // 修正量適用ループ
        b(j) += rate * bDelta(j)
        loop(n) { i =>  w(j)(i) += rate * wDelta(j)(i) }
      }
    }
  }
}
```

　このプログラムでは、ループ処理を高速化するために次のような `loop` と `sum` という独自制御構造を定義しています。

```
loop(n) { i =>         … i が 0～n-1 まで変化しながら処理を繰り返す
    処理
}
```

```
x = sum(n) { i =>      … i が 0～n-1 まで変化しながら計算式の合計を返す
    計算式
}
```

　`forward` メソッドは入力から出力を計算し、ソフトマックス関数である `softmax` メソッドを使っています。`softmax` メソッドは出力の合計が 1 になるように全出力の合計で割り算して構成比を求めています。

　`train` メソッドが学習を行うループであり、与えられた学習用パターン `data` をもとに `forward` メソッドで出力を計算し、出力を教師信号 `teach` に近づけるように `accumDelta` メソッドで `wDelta` と `bDelta` を計算していきます。`wDelta` は重み `w` の修正量であり、`bDelta` はバイアス `b` の修正量です。

　バイアスはニューロンモデルにおける閾値としての役割を持つものです。そうして各修正量によって重みとバイアスを修正していきます。

❏ ロジスティック回帰パターン認識プログラム

リスト 8-2 はロジスティック回帰プログラムを用いて 1，2，3，4 の 4 つの数字パターンを学習して認識するプログラムです。

リスト 8-2　LogisticApp.scala　ロジスティック回帰パターン認識プログラム

```
package ex08

// ロジスティック回帰アプリケーションオブジェクト
object LogisticApp extends App {
  val patN      = 4          // パターン数
  val trainN    = 1000       // 学習回数
  val batchSize = 1          // バッチサイズ
  val learnRate = 0.1        // 学習率
  val trainData: Array[Array[Double]] = buildData("""
    0000110000    0001111000    0001111000    0000011000
    0000110000    0011111100    0011111100    0000111000
    0001110000    0110001110    0110001110    0000111000
    0001110000    0110001110    0110001110    0001111000
    0000110000    0000011100    0000011100    0011011000
    0000110000    0000011000    0000011100    0011011000
    0000110000    0001100000    0110001110    0111111110
    0000110000    0011100000    0110001110    0111111110
    0000110000    0111111110    0011111100    0000011000
    0000110000    0111111110    0001111000    0000011000
""")
  val testData: Array[Array[Double]] = buildData("""
    0000000000    0001110000    0000111000    0000000000
    0000011000    0011011000    0000111100    0000001000
    0000011000    0000001100    0000001100    0000001000
    0000011000    0000001100    0000001100    0000110000
    0000011000    0000001100    0000011000    0001100000
    0000110000    0000011000    0000011000    0011000000
    0000110000    0000110000    0000000110    0110011100
    0000110000    0001100000    0000000110    1111111100
    0000110000    0011111000    0000011100    0000110000
    0000000000    0011111000    0001110000    0000100000
""")
  val teachData: Array[Array[Double]] = Array(    // 教師データ
```

8.1　ニューラルネットワーク　151

```
    Array(1,0,0,0), Array(0,1,0,0), Array(0,0,1,0), Array(0,0,0,1)
)

def buildData(s: String) = {
  s.trim.split("¥¥n").filter(_>"").map(_.split("¥¥s").filter(_>"")
      .map(_.split("").map(_.toDouble))).transpose.map(_.flatten)
}

def disp(row:Int, col:Int, num:Int, div:Int,
                                fun: (Int, Int) => Char) = {
  val s =
    for (n <- 0 until math.ceil(num.toDouble/div).toInt) yield
      (for (d <- 0 until div if n * div + d < num) yield
        for (r <- 0 until row) yield
          (for (c <- 0 until col) yield
            fun(n * div + d, r * col + c)).mkString).transpose
              println("¥n"+s.map(_.map(_.mkString(" | ")).
                mkString("¥n")).
                mkString("¥n" + "-"*(col+2)*div + "¥n")+"¥n")
}

val lg = new Logistic(100, 4)

// 学習
lg.train(trainData, teachData, patN, trainN, batchSize, learnRate)

println("== 学習データ入力 ==")
disp(10, 10, trainData.size, 4,
     (i, j) => if (trainData(i)(j) > 0) '#' else ' ')
println("== 認識テスト入力 ==")
disp(10, 10, testData.size, 4,
     (i, j) => if (testData(i)(j) > 0) '#' else ' ')
println("== 認識テスト結果 ==")
for (d <- testData) {
  lg.forward(d)                                              // 出力テスト
  //出力層表示
  for (j <- 0 until lg.out.length) printf("%.2f¥t", lg.out(j))
  print(" => これは " + (lg.out.zipWithIndex.maxBy(_._1)._2 + 1) +
        " です")
  println
}
```

```
}
```

実行結果

```
== 学習データ入力 ==

   ##     |   ####    |   ####    |    ##
   ##     |  #####    |  #####    |   ###
  ###     | ##   ###  | ##   ###  |   ###
  ###     | ##   ###  | ##   ###  |  ####
   ##     |     ###   |     ###   |  ## ##
   ##     |      ##   |     ###   |  ## ##
   ##     |     ##    | ##   ###  | ########
   ##     |    ###    | ##   ###  | ########
   ##     |  ########  |  ######   |    ##
   ##     |  #######   |   ####    |    ##

== 認識テスト入力 ==

          |    ###    |    ###    |
   ##     |  ## ##    |   ####    |        #
   ##     |     ##    |    ##     |       ##
   ##     |     ##    |    ##     |       ##
   ##     |     ##    |    ##     |      ##
   ##     |     ##    |    ##     |     ##
   ##     |     ##    |      ##   |   ## ###
   ##     |     ##    |      ##   |  ########
   ##     |    #####  |     ###   |       ##
          |    ####   |    ###    |       #

== 認識テスト結果 ==
0.81    0.06    0.01    0.13  => これは 1 です
0.04    0.91    0.04    0.01  => これは 2 です
0.03    0.05    0.85    0.08  => これは 3 です
0.04    0.00    0.02    0.93  => これは 4 です
```

　各数字パターンは文字列として用意します。見た目で分かりやすくするために「`#`」と「 」で信号の有無を表していますが、処理の前にそれらを「`1.0`」と「`0.0`」に置き換えて数値配列に変換します。そうして 1 と 0 によるパターンをロジスティック回帰の入力信号に使用します。

学習パターンは 4 種類用意しており、これを 1000 回ループで学習します。毎回の学習では学習率 learnRate = 0.1 によって少しずつ修正してこれを多数繰り返すようにします。

　実行結果をまとめて図に表したものが図 8-5 であり、学習完了後に 2 種類の入力パターンで認識テストしたものです。まず学習用パターンと同じものが入力されると出力も 1.00 つまり 100% の認識率で判定しています。

　それに対し、学習パターンとやや異なる入力パターンでは出力値は 1.00 よりも低下しています。しかし多クラスロジスティック回帰の機能により、最大値が採用されて認識が成功しています。

　このように入力パターンが学習時とやや異なっていても、0.8〜0.9 といった高い出力値を得ることができ、許容範囲の機能を持った認識システムとなるわけです。この許容範囲というのはプログラム中で if 文や数値によって与えているわけではなく、学習によって得られた汎化能力の結果です。

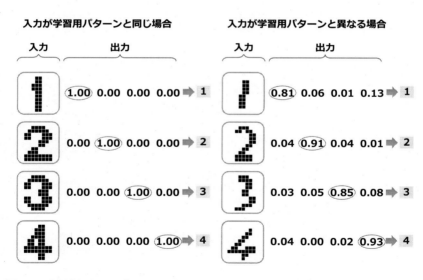

図 8-5　汎化能力によるパターン認識

8.2 多層パーセプトロン

❏ 線形分離不可能問題

　ロジスティック回帰の基本構造である単純パーセプトロンは入力層と出力層で構成されます。複数の入力ユニットの信号から 1 つの出力ユニットの結果を得る際、図 8-6 のように入出力分布図では線を引いて結果を分離可能であり、これを線形分離といいます。

　直線による分離するという考え方をしますが、出力の値を考えてみると 2 つの入力による 2 次元座標に出力の次元を加えた 3 次元座標における点集合で表され、それらを面（曲面）グラフで表したときに面の端から逆の端まで増加し続けるような形です。ちょうど山の斜面のような感じに似ています。このような面グラフで表現できる 3 次元の入出力特性であるという特徴があります。

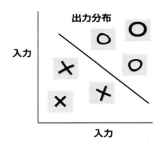

図 8-6　線形分離

　ここで問題なのは線形分離ができないケースがあることです。それは 3 次元の入出力特性が山の斜面の形でない場合です。

　具体例として図 8-7 は論理演算の AND（論理積）と XOR（排他論理和）をニューラルネットワークで学習する場合の入出力分布です。AND の出力分布は 0 と 1 の 2 つのパターンを分離する線が引けますが、XOR の場合はそれができません。このようなケースを線形分離不可能問題といいます。

　これは単純パーセプトロンが複雑なファンクションを学習できないという限界

でもあります。単純パーセプトロンの構造では入出力分布に線を 1 本しか描けません。2 本描ければ分離でき、そのためにニューラルネットワークの構造を変更する必要があります。

また 3 次元の入出力特性を想像すると、四角形の面において、対角線の両端（出力 1 の部分）が高いところにあり、別の対角線の両端（出力 0 の部分）が低いところにあるような特性です。2 つの線で分離するということは、このように変形した入出力特性が作れるニューラルネットワークでなければなりません。

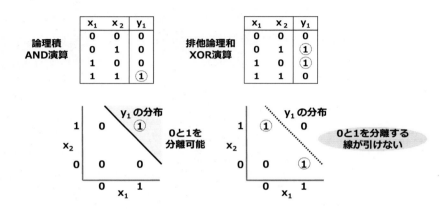

図 8-7　線形分離不可能問題

☐ 多層パーセプトロンとバックプロパゲーション

線形分離不可能問題にも対応できるように拡張されたのが図 8-8 の多層パーセプトロン（MultiLayer Perceptron, MLP）です。

新たに中間層（隠れ層, hidden layer）を 1 層あるいは複数設けて層どうしの各ユニットをすべて互いに接続したニューラルネットワークです。XOR のケースでは中間層 1 層で対応できます。入出力の特性は例えると文房具の下敷きを用意して対角となる 2 つの端をそれぞれ両手でつまんで中心方向に力を加えてたわませたような曲面になります。図 8-8 の y_1 の分布は曲面をちょうど上から見た感じ

です。

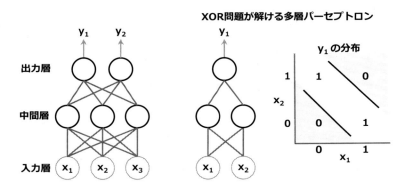

図 8-8　多層パーセプトロン

　多層パーセプトロンは中間層が増えたことで、学習時の重み修正のしかたが変わります。それは、出力信号と教師信号の差から修正量を求めますが、この量は出力－中間の重みの修正量に影響するものであり、同様に中間－入力の重みの修正量にも影響するものです。バックプロパゲーション（誤差逆伝播学習法）は出力側の修正量を入力側に伝搬させることで複数の層でも学習できるようにする手法です。多層パーセプトロンとバックプロパゲーションは汎用的なニューラルネットワークの手法として様々な学習機能や認識機能として利用されてきました。

❏ 多層パーセプトロンプログラム

　リスト 8-3 は多層パーセプトロンのプログラムです。入力層、中間層、出力層を持ったニューラルネットワークです。

リスト 8-3　MLP.scala　多層パーセプトロンプログラム

```
package ex08

// ニューラルネットワーク（多層パーセプトロン, Multi-Layer Perceptron）
class MLP(val layerN: Int, val unitN: Array[Int],
```

8.2 多層パーセプトロン　157

```
                 val wMax:Double=1.0) {
val unit = new Array[Array[Double]](layerN)          // ユニット値
val delta = new Array[Array[Double]](layerN)         // 重み修正量
val w = new Array[Array[Array[Double]]](layerN)      // 重み
val o = layerN - 1                                   // 出力層の添え字
var err = 0.0

loop(layerN) { l =>                                  // ネットワークの構築と初期化
  unit(l) = new Array[Double](unitN(l)+(if (l==o) 0 else 1))
  if(l < o) unit(l)(unitN(l)) = 1.0      // バイアス用ユニット(常に1)
  if (l > 0) {
    delta(l) = new Array[Double](unitN(l))
    w(l) = Array.fill[Double](unitN(l), unitN(l-1)+1)(
                                        (math.random*2-1)*wMax)
  }
}

// ループ制御構造(0～n-1までループ)
def loop(n: Int)(body: (Int) => Unit) {
  var i = 0; while (i < n) { body(i); i += 1 }
}

// 逆ループ制御構造(n-1～1までループ)
def loopDec(n: Int)(body: (Int) => Unit) {
  var i = n-1; while (i > 0) { body(i); i -= 1 }
}

// Σ計算制御構造
def sum(n: Int)(body: (Int) => Double) = {
  var i = 0; var s = 0.0; while (i < n) { s+=body(i); i+=1 }; s
}

// シグモイド関数
def sigmoid(x: Double) = { 1 / (1 + math.pow(math.E, -x)) }

def softmax(x: Array[Double]) {                      // ソフトマックス関数
  if (x.length == 1) {        // ただし出力ユニットが1個ならシグモイド関数で
    loop(x.length) { i => x(i) = sigmoid(x(i)) }
  } else {
    loop(x.length) { i => x(i) = math.exp(x(i)) }
```

```
      val s = x.sum
      loop(x.length) { i => x(i) /= s }
    }
  }

  def forward(d: Array[Double]) {              // 順伝搬
    loop(unitN(0)) { j => unit(0)(j) = d(j) }   // 入力層の値セット
    loop(o-1) { l =>                             // 中間層の値計算ループ
      loop(unitN(l+1)) { j =>
        unit(l+1)(j) = sigmoid(sum(unitN(l)+1) {
                              i => w(l+1)(j)(i) * unit(l)(i) })
      }
    }
    loop(unitN(o)) { j =>                       // 出力層の値計算（他クラス分類）
      unit(o)(j) = sum(unitN(o-1)+1) {
                              i => w(o)(j)(i) * unit(o-1)(i) }
    }
    softmax(unit(o))
  }

  def backPropagate(d: Array[Double], t: Array[Double]) {   // 逆伝搬
    // 出力層
    loop(unitN(o)) { j =>
      val e = t(j)-unit(o)(j); delta(o)(j) = e; err += e*e
    }
    // 中間層
    loopDec(o) { l =>
      loop(unitN(l)) { j =>
        val df = unit(l)(j) * (1.0 - unit(l)(j))
        delta(l)(j) = df * sum(unitN(l+1)) {
                          k => delta(l+1)(k) * w(l+1)(k)(j) }
      }
    }
  }

  def update(rate: Double) {                    // 重み更新
    loopDec(layerN) { l =>
      loop(unitN(l)) { j =>
        loop(unitN(l-1)+1) { i =>
          w(l)(j)(i) += rate * delta(l)(j) * unit(l-1)(i)
        }
```

```
      }
    }
  }

  def train(data: Array[Array[Double]], teach: Array[Array[Double]],
            patN: Int, trainN: Int, learnRate: Double,
            fun: (Int, => Double) => Unit = null) {
    loop(trainN) { t =>                          // 学習ループ
      err = 0.0
      loop(patN) { p =>                          // パターンループ
        forward(data(p))                         // 順伝搬
        backPropagate(data(p), teach(p))         // 逆伝搬
        update(learnRate)                        // 重み更新
      }
      if (fun != null) fun(t, err/patN/unitN(layerN-1))
    }
  }
}
```

　多層パーセプトロンは中間層が増えたことで複雑になりますが、基本的なしくみはロジスティック回帰（単純パーセプトロン）と同様です。なお、バイアスの扱いが面倒になってくるので、入力層、中間層のユニット配列 unit の最後に値 1 のユニットを追加してバイアスとし、重みと同じ計算が適用できるようにしています。

　中間層の値を求めるための関数としてシグモイド関数（sigmoid メソッド）を用います。これはロジスティック関数の一種です。出力層の値は多クラス分類のソフトマックス関数（softmax メソッド）を用い、softmax メソッドでは出力ユニットが 1 個の場合は、多クラス分類が不要なので単純に sigmoid メソッドで計算します。

　バックプロパゲーション機能である backPropagate メソッドは重みの修正量を計算し、出力層から中間層へと修正量を伝えるようにしています。

　なお train メソッドの引数には任意の関数を受け取り、学習ループの中で呼び出されるようにしています。これを利用して例えば 1000 回おきに出力と教師信号の誤差（エラー）を表示してどこまで学習が進んだかを表示することもできます。

❑ 多層パーセプトロン実行プログラム

リスト 8-4 は多層パーセプトロン実行プログラムであり、今回は線形分離不可能問題の XOR 演算を取り上げています。

リスト 8-4　MLPApp.scala　多層パーセプトロン実行プログラム

```
package ex08

// ニューラルネットワークアプリケーションオブジェクト
object MLPApp extends App {
  val patN     = 4              // パターン数
  val trainN   = 10000          // 学習回数
  val learnRate = 0.1           // 学習率

  // 学習データ(XOR, 線形分離不可能パターン)
  val trainData: Array[Array[Double]] = Array(
    Array(0, 0), Array(0, 1), Array(1, 0), Array(1, 1))

  // 教師データ
  val teachData: Array[Array[Double]] = Array(
    Array(0), Array(1), Array(1), Array(0))

  // テストデータ
  val testData: Array[Array[Double]] = Array(
    Array(0, 0), Array(0, 1), Array(1, 0), Array(1, 1))

  //ネットワーク生成（層数、各層ユニット数）
  val mlp = new MLP(3, Array(2, 2, 1))
  mlp.train(trainData, teachData, patN, trainN, learnRate)    // 学習

  println("--- 認識テスト ----------------\n入力\t\t出力")
  for (d <- testData) {
    mlp.forward(d)
    for (i <- 0 until d.length) printf("%.0f\t", d(i))
    for (j <- 0 until mlp.unit(2).length)
        printf("%.2f\t",mlp.unit(2)(j))
    println
  }
}
```

```
実行結果
--- 認識テスト ----------------
入力      出力
0   0    0.00
0   1    1.00
1   0    1.00
1   1    0.00
```

入力層、中間層、出力層の 3 層の各ユニット数は 2, 2, 1 であり、new MLP(3, Array(2,2,1)) で多層パーセプトロンを生成しています。入力パターンは XOR の 2 入力 4 パターン、出力の教師信号は XOR の 1 出力 4 パターンを与えます。今回は学習回数を 10000 回、学習率を 0.1 として学習しています。

中間層および出力層の値はバイアスを用いて計算しますが、バイアスを重みの一部に加えて計算するようにしています。実際には図 8-9 のようなニューラルネットワーク構造になっており、入力層－中間層および中間層－出力層の間の重みはさらにバイアスユニット（常に値は 1）を設けて接続してしています。追加された重みとユニットはそれぞれ変数 w と unit の配列最後尾に要素を 1 つ増やして追加してあります。

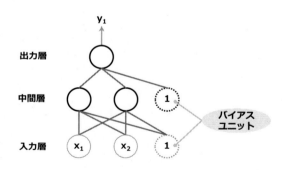

図 8-9　XOR 機能を学習する多層パーセプトロンの実際の構造

なお、このプログラムを何度も実行していくと正しい結果が得られないケースがあります。重みの修正は例えば二次曲線の極小値に向かっていくように変化していき、やがて最適解としての極小値に落ち着きます。しかし、単純な二次曲線

でなかったならそこは最適解でない場合があります。これを局所解（ローカルミニマム、`local minimum`）といい、XOR 問題では何回かの割合で陥ってしまうのが欠点です。これにはアルゴリズム等による回避策などが研究されていますが、平均誤差（出力と教師信号との差）が目標値以下になったか比較することで学習の成功失敗を判定し、重みを初期化して再度学習するといった対策も考えられます。

第 9 章　ディープラーニングの基礎

9.1　深層学習の準備

❏ ディープラーニング

　ディープラーニング（Deep Learning，深層学習）は、多層化構造つまり何段もの層によるニューラルネットワークを構成し、画像や音声の認識精度を高めようとする機械学習技術です。
　この技術にはいろいろな可能性があり、認識精度だけでなく膨大なデータから特徴を見つけ出すという機能（特徴抽出）が注目されています。これは、ビッグデータの分析や予測などへの応用や、新たな技術やサービスへと発展する可能性があります。教師信号としてパターンのイメージを学習しそれに近いものを認識するだけでなく、パターンに含まれる特徴を自ら学習する機能は人間の認識能力に近いとも言われ、自らものを学習するコンピュータ技術の可能性に期待が寄せられています。ディープラーニングはAIに革新的な進歩をもたらし注目される分野です。
　従来の機械学習では、教師あり学習によって識別するという学習手法が多く用いられていましたが、ディープラーニングでは教師なし学習を活用しています。これをプレトレーニングと呼ばれる前段階の処理に用いることで、多層化されたネットワークの重みをよい状態に学習させます。その後、仕上げとしてファインチューニングという教師あり学習によって識別結果を目的の答えに分類できるようにします。本章では、これらの教師なし学習を用いたオートエンコーダによる機械学習をディープラーニングの基礎として取り上げ、プログラムを作成しながら動作を見ていきます。

❏ 手書き文字データ読み込みプログラム

本章では、手書き文字認識を題材にディープラーニングのプログラミングを行います。手書き文字データとしては広く用いられている次のMNISTデータセットの0〜9の手書き文字データを使用します。

MNISTデータセット： http://yann.lecun.com/exdb/mnist/

このデータでは、60000件の学習用イメージ（手書き画像）と、そのラベル（0〜9の教師信号に相当）、さらに10000件の認識テスト用イメージとラベルが提供されています。まずそれらのデータをプログラムに読み込むために、リスト9-1のユーティリティを作成しておきます。readImageとreadLabelメソッドがそれぞれを読み込む機能であり、次のようにデータファイル名と何件まで読み込むかを指定して使います。読み込んだデータは、パターンごとの配列データ（Array[Double]）として返されます。

```
Data.readImage(MNISTイメージファイル名，件数)
Data.readLabel(MNISTラベルファイル名，件数)
```

リスト9-1　Data.scala　手書き文字データ読み込みプログラム

```
package ex09

import java.io._
import java.nio.ByteBuffer

object Data {
  var imgData, labelData: Array[Byte] = null
  var w, h = 0
  var buf = new Array[Byte](4)

  // Int(32bit)データを読み込む
  def readInt(st: BufferedInputStream) = {
    st.read(buf)                          // 4バイト配列に読み込む
    ByteBuffer.wrap(buf).getInt           // 4バイト配列を1個のInt型に変換
  }
```

```
def readFile(fileName: String)(fun:(BufferedInputStream)=>Unit) {
  var st: BufferedInputStream = null
  try {
    st = new BufferedInputStream(new FileInputStream(fileName))
    readInt(st)         // ストリームからmagic numberを読み飛ばしておく
    fun(st)             // funにストリームを渡してそれぞれの処理をさせる
  } catch {
    case e: Exception => println(e)
  } finally {
    if (st != null) st.close
  }
}

def readImage(fileName: String, m: Int = 0) = { // イメージの読み込み
  readFile(fileName) { st =>
    val n = readInt(st)                         // イメージ数
    h = readInt(st)                             // 縦サイズ
    w = readInt(st)                             // 横サイズ
    val size = h * w * (if (m > 0) m else n)
    imgData = new Array[Byte](size)
    val len = st.read(imgData, 0, size)
    printf("Image loaded: %d/%d¥n", len/(h*w), n)
  }
  getData                    // パターン数 × イメージ(Double型配列)を返す
}

def readLabel(fileName: String, m: Int = 0) = { // ラベルの読み込み
  readFile(fileName) { st =>
    val n = readInt(st)                         // ラベル数
    val size = if (m > 0) m else n
    labelData = new Array[Byte](size)
    val len = st.read(labelData, 0, size)
    printf("Label loaded: %d/%d¥n", len, n)
  }
  getLabel              // パターン数 × ラベル(Double型配列)を返す
}

def getData() = {         // イメージデータをパターンごとの配列要素に分ける
  val len = w * h
  imgData.map(v => (v & 0xFF) / 255.0).grouped(len).toArray
```

```
   }

   def getLabel() = {        // ラベルデータ1個を0~9に対応させた配列にする
     labelData.map{v =>
       val a = new Array[Double](10)
       a(v) = 1.0
       a
     }
   }
 }
```

❑ 可視化プログラム

　次に、ニューラルネットワークの入力、出力、重みの可視化ユーティリティを用意します。リスト 9-2 はデータをグラフィックス表示するプログラムであり、次のようにイメージ幅と高さ、表示行数と列数、そして表示倍率（省略時 1.0 倍）を与えて呼び出します。

```
new Visualizer(幅,高さ,行,列,倍率).dispDataImage(入出力データ)
new Visualizer(幅,高さ,行,列,倍率).dispWeightImage(重みデータ)
```

　この機能を使って重みの変化状態をリアルタイムで表示させる際は、次のように使用することができます。プログラムでは、`AnimationTimer` クラスを使用して一定時間おきに描画処理が呼び出されるようにしています。次の例では、カウンタ変数 t を使って、ループ 100 回に 1 回の割合で重みの可視化表示が更新されます。

```
val v = new Visualizer(w, h, r, c)        … 可視化オブジェクトを作成
ループ処理 {                                 … カウンタ変数 t を使用
  学習処理                                   … 重みを更新する処理
  if (t % 100 == 0) v.dispWeightImage(w)  … 重みイメージを更新
}
```

9.1　深層学習の準備

リスト9-2　Visualizer.scala　学習状態の可視化プログラム

```scala
package ex09

import javafx.application.Application
import javafx.scene.Scene
import javafx.stage.Stage
import javafx.scene.layout.StackPane
import javafx.scene.canvas._
import javafx.scene.image.Image
import javafx.scene.transform.Affine;import
javafx.scene.transform.Affine
import java.io._
import javax.imageio.ImageIO
import java.awt.image.BufferedImage
import javafx.animation._

// イメージ可視化クラス（w, h:イメージ幅と高さ、r, c:表示行列数、scale:表示倍率）
class Visualizer(val w: Int, val h: Int, val r: Int, val c: Int,
                                        val scale: Double = 1.0) {
  var imgData: Array[Byte] = null
  var g: GraphicsContext = null

  new javafx.embed.swing.JFXPanel // JavaFXアプリ以外でJavaFXを使う初期化
  javafx.application.Platform.runLater(new Runnable {  // ウィンドウ作成
    override def run() {
      while (imgData == null) Thread.sleep(1)
      val stage = new Stage
      val canvas = new Canvas(scale*((w+1)*c+1), scale*((h+1)*r+1))
      val pane = new StackPane
      pane.getChildren.add(canvas)
      stage.setScene(new Scene(pane))
      stage.show
      g = canvas.getGraphicsContext2D
      g.setTransform(new Affine(scale,0,0,0,scale,0)) // 描画倍率

      new AnimationTimer {                       // 描画タイマー処理
        override def handle(now: Long) { draw }  // 一定間隔で描画
      }.start
    }
  })
```

```
def draw() {                                    // 描画処理
  for (i <- 0 until r; j <- 0 until c) {
    g.drawImage(getImage(i*c + j), j*(w+1) + 1, i*(h+1) + 1)
  }
}

// 入出力イメージをセット
def dispDataImage(data: Array[Double]) {
  val rg = data.max
  imgData = data.map{ x => (x / rg * 255).toByte }
}

// 重みイメージをセット
def dispWeightImage(weight: Array[Array[Double]]) {
  imgData = weight.map{ v =>
    val mi = v.min
    val rg = v.max - mi
    v.map(x => ((x - mi) / rg * 255).toByte)
  }.flatten
}

// 1バイトデータを16bit色（グレースケール）に変換
def grayScale(b: Byte) = {
  val v = b & 0xFF
  (v<<16) | (v<<8) | v
}

// JavaFXの扱うイメージオブジェクトに変換
def getImage(idx: Int): Image = {
  val b = new BufferedImage(w, h, BufferedImage.TYPE_INT_RGB)
  val len = w * h
  val off = len * idx
  b.setRGB(0,0,w,h,imgData.slice(off,off+len).
                                  map(grayScale(_)),0,w)
  val out = new ByteArrayOutputStream
  try {
    ImageIO.write(b, "bmp", out)
    out.flush
    val img = new Image(
              new ByteArrayInputStream(out.toByteArray))
    out.close
```

```
      img
    } catch {
      case e: IOException => println(e)
      null
    }
  }
}
```

　実際に可視化プログラムを試してみましょう。リスト 9-3 と図 9-1 は学習用イメージの表示（重みの可視化と違い、単にイメージの表示なので可視化と呼ばなくてもよい）プログラムと実行結果の画面です。また、学習用イメージに対応するラベルの値もコンソール出力しています。なお、MNIST の学習用データとそのラベルデータとして次のファイルを使用しており、含まれるデータの 100 件までを処理対象としています。

　　学習用イメージファイル：　train-images.idx3-ubyte（60000 件）
　　学習用ラベルファイル：　　train-labels.idx1-ubyte（60000 件）

リスト 9-3　　VisualizerApp.scala　可視化テストプログラム

```
package ex09

object VisualizerApp extends App {
  val r = 10
  val c = 10
  Data.readImage("train-images.idx3-ubyte", 100)  // 学習用イメージ100件
  Data.readLabel("train-labels.idx1-ubyte", 100)  // 学習用ラベル100件
  for (i <- 0 until r; j <- 0 until c) {          // コンソールにも出力
    printf("%d ", Data.labelData(i * c + j))     // ラベル値出力
    if (j == c-1) println                         // 改行
  }
  // 表示
  new Visualizer(28,28,r,c).dispDataImage(Data.getData.flatten)
}
```

実行結果
```
Image loaded: 100/60000
```

```
Label loaded: 100/60000
5 0 4 1 9 2 1 3 1 4
3 5 3 6 1 7 2 8 6 9
4 0 9 1 1 2 4 3 2 7
3 8 6 9 0 5 6 0 7 6
1 8 7 9 3 9 8 5 9 3
3 0 7 4 9 8 0 9 4 1
4 4 6 0 4 5 6 1 0 0
1 7 1 6 3 0 2 1 1 7
9 0 2 6 7 8 3 9 0 4
6 7 4 6 8 0 7 8 3 1
```

図 9-1　学習用イメージの表示結果

9.2 オートエンコーダ

❏ オートエンコーダの機能と構造

ディープラーニングの基礎として、オートエンコーダ（Autoencoder，AE，自己符号化器）のしくみとプログラムを見ていきましょう。オートエンコーダは教師なし学習を用いたニューラルネットワークであり、教師なし学習というのは、図 9-2 のように入力信号と同じものが出力信号として得られるように、入力信号をそのまま教師信号に用いた学習を意味します。

入力信号を別のものに変換（エンコード、encode）して、もとに戻す（デコード、decode）様子からオートエンコーダと呼ばれます。入力をそのまま出力するので無意味のように感じられますがこれを応用することで、より深い多層ネットワーク構築ができるようになります。

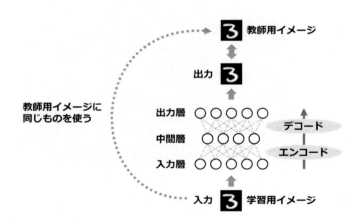

図 9-2　オートエンコーダの機能

オートエンコーダは図 9-3 のような 3 層構造をしています。入力層に与えられた値はエンコードによって中間層の値が求められ、さらにデコードによって出力層の値へと変換されます。学習処理では出力＝入力となるように重みを更新して

いくわけです。なお入力層と出力層は同じユニット数になります。

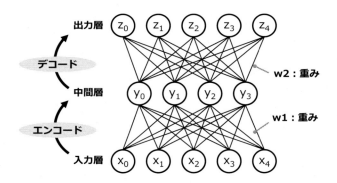

図 9-3 オートエンコーダの構造

オートエンコーダの処理では、ロジスティック関数である sigmoid 関数および確率的勾配降下法（Stochastic Gradient Descent，SGD）を用います。

図 9-4 における中間層の信号 y_1 の値は、入力信号 x_0〜x_4 と重み $w1_{10}$〜$w1_{14}$ の荷重和およびバイアス $b1_1$ との和を求め sigmoid 関数に与えて算出します。

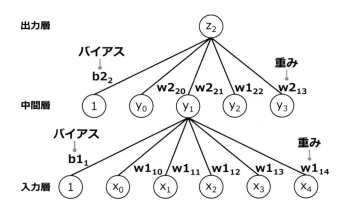

図 9-4 オートエンコーダの重みとバイアス

9.2 オートエンコーダ

出力信号も同様に y, w2, b2 をもとに算出します。このとき重み w2 は w1 の転置（w1$_{ji}$ → w2$_{ij}$）としプログラムでは同じ変数 w で重みを共有します（tied weight）。学習手法として SGD および一定数のパターンごとに重みを更新するミニバッチ更新を用います。

❏ オートエンコーダプログラム

リスト 9-4 はオートエンコーダプログラムです。AE クラスのコンストラクタに入力層と中間層の次元数を与えて構築します。train メソッドには学習パターンの配列、パターン数、学習回数、ミニバッチサイズ、学習率を与えて学習します。reconstruct メソッドは、入力から出力を得る再構築処理で、ニューラルネットワークにおける順伝搬あるいは想起に相当します。なお、繰り返し処理の高速化のために 8 章で用いたカウンタループ構造の loop とシグマ（総和）計算の sum を独自制御構造として定義しています。

リスト 9-4　AE.scala　オートエンコーダプログラム

```
package ex09

// オートエンコーダクラス(AutoEncoder)
class AE(val n: Int, val m: Int) {
  val y = new Array[Double](m)                        // 中間層
  val z = new Array[Double](n)                        // 出力層
  val w = Array.fill[Double](m, n)((math.random*2-1)*0.01) // ランダム
  val b1 = Array.fill[Double](m)(0.0)                 // バイアス1
  val b2 = Array.fill[Double](n)(0.0)                 // バイアス2
  val wDelta = Array.ofDim[Double](m, n)              // 重み修正値
  val b1Delta = new Array[Double](m)                  // 中間層修正値
  val b2Delta = new Array[Double](n)                  // 出力層修正値
  val b1Tmp = new Array[Double](m)                    // 中間層作業変数
  val b2Tmp = new Array[Double](n)                    // 出力層作業変数

  // ループ制御構造(0～n-1までループ)
  def loop(n: Int)(body: (Int) => Unit) {
    var i = 0; while (i < n) { body(i); i += 1 }
  }
```

```
// Σ計算制御構造
def sum(n: Int)(body: (Int) => Double) = {
  var i = 0; var s = 0.0; while (i < n) { s+=body(i); i+=1 }; s
}

// シグモイド関数
def sigmoid(x: Double) = { 1 / (1 + math.pow(math.E, -x)) }

def encode(x: Array[Double], y: Array[Double]) {// エンコード
  loop(m) { j => y(j) = sigmoid(sum(n) { i =>
                                  w(j)(i) * x(i)} + b1(j))}
}

def decode(y: Array[Double], z: Array[Double]) {// デコード
  loop(n) { i => z(i) = sigmoid(sum(m) { j =>
                                  w(j)(i) * y(j)} + b2(i))}
}

def reconstruct(data: Array[Double]) {         // 入力信号の再構築
  encode(data, y)        // エンコード
  decode(y, z)           // デコード
}

def initDelta() {                              // 誤差修正値初期化
  loop(n) { i => b2Delta(i) = 0.0 }
  loop(m) { j => b1Delta(j) = 0.0
    loop(n) { i => wDelta(j)(i) = 0.0 }
  }
}

def accumDelta(x: Array[Double], y: Array[Double],
    z: Array[Double], rate: Double) {          // 誤差修正値蓄積
  loop(n) { i =>
    b2Tmp(i) = x(i) - z(i)
    b2Delta(i) += rate * b2Tmp(i)
  }
  loop(m) { j =>
    b1Tmp(j) = sum(n) { i =>
                  w(j)(i) * b2Tmp(i)} * y(j) * (1 - y(j))
    b1Delta(j) += rate * b1Tmp(j)
```

```
        loop(n) { i => wDelta(j)(i) +=
                    rate * (b1Tmp(j) * x(i) + b2Tmp(i) * y(j)) }
    }
  }

  def train(data: Array[Array[Double]], patN: Int, trainN: Int,
            batchSize: Int, learnRate: Double) { // 学習
    val rate = learnRate / batchSize
    loop(trainN * patN / batchSize) { t =>           // 学習ループ
      initDelta
      loop(batchSize) { i =>                         // ミニバッチループ
        val idx = (t * batchSize + i) % patN
        reconstruct(data(idx))
        accumDelta(data(idx), y, z, rate)
      }
      loop(n) { i => b2(i) += b2Delta(i) }           // 出力層バイアス修正
      loop(m) { j => b1(j) += b1Delta(j)             // 中間層バイアス修正
        loop(n) { i => w(j)(i) += wDelta(j)(i) }     // 重み修正
      }
    }
  }
}
```

❑ オートエンコーダ実行プログラム

リスト 9-4 は、実際に MNIST データを用いて学習を行うプログラムであり、入出力および重みを可視化します。

リスト 9-4　AEApp.scala　オートエンコーダ実行プログラム

```
package ex09

object AEApp extends App {
  val patN      = 60000        // パターン数
  val inputN    = 784          // 入力層ユニット数
  val middleN   = 400          // 中間層ユニット数
  val trainN    = 10           // 学習回数
  val batchSize = 20           // バッチサイズ
  val learnRate = 0.01         // 学習率
```

```
// 学習画像データと教師データ読み込み
val trainData = Data.readImage("train-images.idx3-ubyte", patN)
val teachData = Data.readLabel("train-labels.idx1-ubyte", patN)

val ae = new AE(inputN, middleN)                    // オートエンコーダ生成
ae.train(trainData, patN, trainN, batchSize, learnRate)    // 学習

val in = trainData.slice(0, 100).flatten            // 入力（最初の100件）
new Visualizer(28, 28, 10, 10, 2).dispDataImage(in) // 入力画像表示

val out = trainData.slice(0, 100).map{ data =>      // 出力（最初の100件）
  ae.reconstruct(data)                              // 再構築して出力を計算
  ae.z.clone                                        // 表示用に出力値をコピーしておく
}.flatten

// 出力画像表示
new Visualizer(28, 28, 10, 10, 2).dispDataImage(out)
// 重み可視化
new Visualizer(28, 28, 20, 20, 2).dispWeightImage(ae.w)
}
```

実行プログラムでは、パターン数 patN×学習回数 trainN の学習が行われます。入力層のユニット数（次元数）は画像1個のサイズ 28×28 の値とし、中間層のユニット数は 400 と減らしてあります。これは次元圧縮と呼ばれ、入力情報に対し冗長さを除いた少ない数で中間層を表現することになります。

図 9-5 および図 9-6 の実行結果では、学習用イメージのサンプルを入力画像として表示しています。それに対する出力画像ではオートエンコーダの性質によりほぼ入力＝出力の状態となっています。

また重みの可視化では、各重みの値を 0～255（黒～白）に正規化して表示しています。つまり重みの最小値が 0 に、最大値が 255 になるように数値スケールを調整し、1 マス内での変化が視覚的にわかるように表現したものです。

各マスは複雑な 3 次元曲面グラフを上から見ている状態と言えます。なお、入力数が 28×28、中間層の数が 400 なので重み画像は 28×28 ピクセル画像が 400 個できます。それを 20 行 20 列で表示させています。

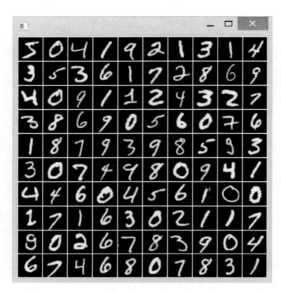

図 9-5　オートエンコーダ実行結果（上：入力、下：出力）

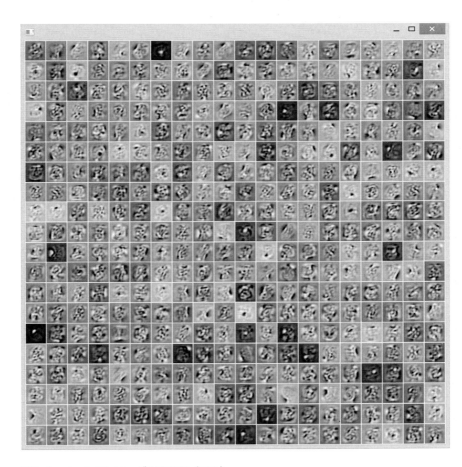

図 9-6　オートエンコーダ実行結果（重み）

9.3 デノイジングオートエンコーダと並列演算

❏ デノイジングオートエンコーダプログラム

　デノイジングオートエンコーダ（Denoising AutoEncoder，DAE）は、オートエンコーダの一種です。

図9-7のように入力信号に一定の確率でノイズを付与（信号を欠落）させ、出力に対してはノイズ付与前の入力を教師信号として学習します。これによって入力パターンにノイズがあっても認識できる能力（あるいはノイズ除去能力）、および入力パターンの形が若干違っていても同じパターンと認識できる汎化能力を高めます。

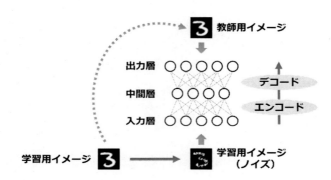

図9-7　デノイジングオートエンコーダの入出力

　リスト9-5のプログラムは、オートエンコーダAEクラスを継承したデノイジングオートエンコーダDAEクラスの定義です。ノイズ関連の変数およびメソッドを追加・変更しており、学習用のtrainメソッドの引数には、新たにノイズ率、荷重減衰率を加えてあります。荷重減衰率（weight decay）は、重みが大きくなり過ぎないように抑止する働きがあります。

リスト9-5　DAE.scala　デノイジングオートエンコーダプログラム

```
package ex09

// デノイジングオートエンコーダクラス(Denoising AutoEncoder)
class DAE(n: Int, m: Int) extends AE(n, m) {
  val nx = new Array[Double](n)            // 入力層（ノイズ付加用）

  // 誤差修正値蓄積
  def accumDelta(x: Array[Double], nx: Array[Double],
```

```
      y: Array[Double], z: Array[Double], rate: Double) {
  loop(n) { i =>
    b2Tmp(i) = x(i) - z(i)
    b2Delta(i) += rate * b2Tmp(i)
  }
  loop(m) { j =>
    b1Tmp(j) = sum(n) { i =>
      w(j)(i) * b2Tmp(i) } * y(j) * (1 - y(j))
    b1Delta(j) += rate * b1Tmp(j)
    loop(n) { i => wDelta(j)(i) +=
              rate * (b1Tmp(j) * nx(i) + b2Tmp(i) * y(j))}
  }
}

def addNoise(x: Array[Double], nx: Array[Double],
                                noiseRate: Double) {
  loop(n) { i =>
    nx(i) = if (math.random <= noiseRate) 0 else x(i) }
}

def trainPattern(x: Array[Double], noiseRate: Double,
                                   rate: Double) {
  addNoise(x, nx, noiseRate)          // ノイズ付加データの作成
  reconstruct(nx)
  accumDelta(x, nx, y, z, rate)
}

def train(data:Array[Array[Double]], patN:Int, trainN:Int,
      batchSize: Int, learnRate:Double, noiseRate:Double,
                                  wgtDec: Double){   // 学習
  val rate = learnRate / batchSize
  loop(trainN * patN / batchSize) { t =>          // 学習ループ
    initDelta
    loop(batchSize) { p =>                        // ミニバッチループ
      val idx = (t * batchSize + p) % patN
      trainPattern(data(idx), noiseRate, rate)
    }
    loop(n) { i => b2(i) += b2Delta(i) }    // 出力層バイアス修正
    loop(m) { j => b1(j) += b1Delta(j) }    // 中間層バイアス修正
      loop(n) {i =>
        w(j)(i) += wDelta(j)(i) - wgtDec * w(j)(i) } // 重み修正
```

```
        }
      }
    }
}
```

❏ デノイジングオートエンコーダ実行プログラム

リスト9-6　DAEApp.scala　デノイジングオートエンコーダ実行プログラム

```
package ex09

object DAEApp extends App {
  val patN      = 60000      // パターン数
  val inputN    = 784        // 入力層ユニット数
  val middleN   = 400        // 中間層ユニット数
  val trainN    = 10         // 学習回数
  val batchSize = 20         // バッチサイズ
  val learnRate = 0.01       // 学習率
  val noiseRate = 0.5        // ノイズ率
  val wgtDec    = 0.0002     // 荷重減衰率

  // 学習画像データと教師データ読み込み
  val trainData = Data.readImage("train-images.idx3-ubyte", patN)
  val teachData = Data.readLabel("train-labels.idx1-ubyte", patN)

  val ae = new DAE(inputN, middleN)        // デノイジングオートエンコーダ生成
  ae.trainPara(trainData, patN, trainN, batchSize, learnRate,
                            noiseRate, wgtDec)    // 学習

  // 出力（最初の100件）
  val noized = trainData.slice(0, 100).map{ data =>
    ae.addNoise(data, ae.nx, noiseRate)
    ae.nx.clone
  }.flatten

  // ノイズ画像表示
  new Visualizer(28, 28, 10, 10, 2).dispDataImage(noized)
  // 入力（最初の100件）
  val in = trainData.slice(0, 100).flatten
  // 入力画像表示
```

```
  new Visualizer(28, 28, 10, 10, 2).dispDataImage(in)
  // 出力（最初の100件）
  val out = trainData.slice(0, 100).map{ data =>
    ae.reconstruct(data)
    ae.z.clone
  }.flatten
  // 出力画像表示
  new Visualizer(28, 28, 10, 10, 2).dispDataImage(out)
  // 重み可視化
  new Visualizer(28, 28, 20, 20, 2).dispWeightImage(ae.w)
}
```

　図9-8はノイズを付与した入力イメージであり、図9-9, 9-10は実行結果です。ノイズ率=0.5 の入力画像では、50%の確率でランダムに信号を欠落させたものです。これを入力信号とし、出力信号がもとの入力に近づくように学習します。

　出力画像は、オートエンコーダのものと比べてみると入力との一致精度は低くやや大雑把な出力になっていますが、デノイジングオートエンコーダの目的は100%の復元率ではなく、未知の（学習用パターンに存在しない）イメージでも近いものは識別可能とする汎化能力にあります。

　学習回数を上げてぴったり一致するまで学習すると逆に汎化能力が失われてしまい、パラメータ設定が難しいところです。今回の実行結果では、重み画像もオートエンコーダのものと比べてやや異なる傾向になっています。

図 9-8　ノイズを追加した入力画像（上：20%ノイズ、下：50%ノイズ）

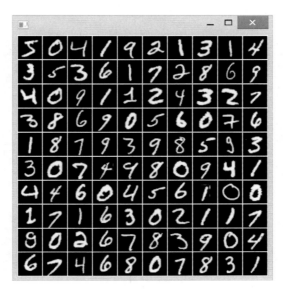

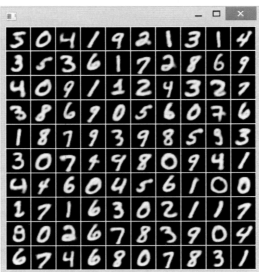

図9-9 デノイジングオートエンコーダ実行結果(上:もとの入力、下:出力)

9.3 デノイジングオートエンコーダと並列演算

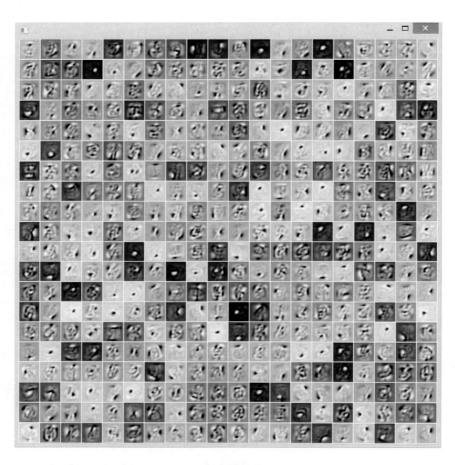

図 9-10　デノイジングオートエンコーダ実行結果（重み）

❏ デノイジングオートエンコーダ並列演算プログラム

　リスト 9-7 はデノイジングオートエンコーダの並列演算バージョンです。並列演算はプログラムの実行を複数のプロセッサに振り分けて同時に実行することで演算速度を向上させます。この並列演算処理では、特別なハードウェアやフレームワークを必要としない言語の標準機能だけで実装します。最近の CPU はマルチ

コアなので、その数に応じて性能向上が期待できます。

リスト9-7　DAEPara.scala　デノイジングオートエンコーダ並列演算プログラム

```
package ex09

// デノイジングオートエンコーダクラス(Denoising AutoEncoder)
class DAEPara(n: Int, m: Int) extends AE(n, m) {
  val nx = new Array[Double](n)              // 入力層(ノイズ付加用)
  val paraN = 8

  def loopPara(n: Int)(body: (Int) => Unit) {    // 並列ループ制御構造
    Range(0, n).grouped(n / paraN).
                    toParArray.foreach(_.foreach(body(_)))
  }

  // エンコード
  override def encode(x: Array[Double], y: Array[Double]) {
    loopPara(m) { j => y(j) = sigmoid(sum(n) { i =>
                                      w(j)(i) * x(i) } + b1(j)) }
  }

  // デコード
  override def decode(y: Array[Double], z: Array[Double]) {
    loopPara(n) {i => z(i) = sigmoid(sum(m) { j =>
                                      w(j)(i) * y(j) } + b2(i)) }
  }

  override def initDelta() {                    // 誤差修正値初期化
    loopPara(n) { i => b2Delta(i) = 0.0   }
    loopPara(m) { j => b1Delta(j) = 0.0
      loop(n) { i => wDelta(j)(i) = 0.0 }
    }
  }

  // 誤差修正値蓄積
  def accumDelta(x: Array[Double], nx: Array[Double],
      y: Array[Double], z: Array[Double], rate: Double) {
    loopPara(n) { i =>
      b2Tmp(i) = x(i) - z(i)
      b2Delta(i) += rate * b2Tmp(i)
```

```
    }
    loopPara(m) { j =>
      b1Tmp(j) = sum(n) { i =>
                         w(j)(i) * b2Tmp(i) } * y(j) * (1 - y(j))
      b1Delta(j) += rate * b1Tmp(j)
      loop(n) { i => wDelta(j)(i) +=
               rate * (b1Tmp(j) * nx(i) + b2Tmp(i) * y(j)) }
    }
  }

  def addNoise(x: Array[Double], nx: Array[Double],
                                        noiseRate: Double) {
    loopPara(n) { i => nx(i) =
                  if (math.random<=noiseRate) 0 else x(i) }
  }

  def trainPattern(x: Array[Double], noiseRate: Double,
                                        rate: Double) {
    addNoise(x, nx, noiseRate)           // ノイズ付加データの作成
    reconstruct(nx)
    accumDelta(x, nx, y, z, rate)
  }

  def train(data:Array[Array[Double]], patN:Int, trainN:Int,
            batchSize: Int, learnRate:Double, noiseRate:Double,
                                 wgtDec: Double) {  // 学習
    val rate = learnRate / batchSize
    loop(trainN * patN / batchSize) { t =>            // 学習ループ
      initDelta
      loop(batchSize) { p =>                           // ミニバッチループ
        val idx = (t * batchSize + p) % patN
        trainPattern(data(idx), noiseRate, rate)
      }
      loopPara(n) { i => b2(i) += b2Delta(i) }       // 出力層バイアス修正
      loopPara(m) { j => b1(j) += b1Delta(j)         // 中間層バイアス修正
        // 重み修正
        loop(n) { i => w(j)(i) += wDelta(j)(i)- wgtDec * w(j)(i) }
      }
    }
  }
}
```

本プログラムでは次のような並列演算版のループ制御構造 loopPara を定義し、今までの loop 制御構造の代わりに用います。loopPara の動作は図 9-11 のように並列分割数 paraN によって 0，1，2…9 といったループで生成される数列を分割し、それぞれを並列に実行します。

```
val paraN = 8

def loopPara(n: Int)(body: (Int) => Unit) { // 並列ループ制御構造
  Range(0, n).grouped(n/paraN).toParArray.
                              foreach(_.foreach(body(_)))
}
```

一般に、並列演算プログラムは並列処理単位間のデータの共有および同期を考慮した処理命令や変数を導入することがありますが、本プログラムの方法ではロジックの変更や共有・同期用の変数は追加しません。並列処理可能なループ本体であれば、loop 制御構造を loopPara に置き換えるだけで容易に並列化できます。

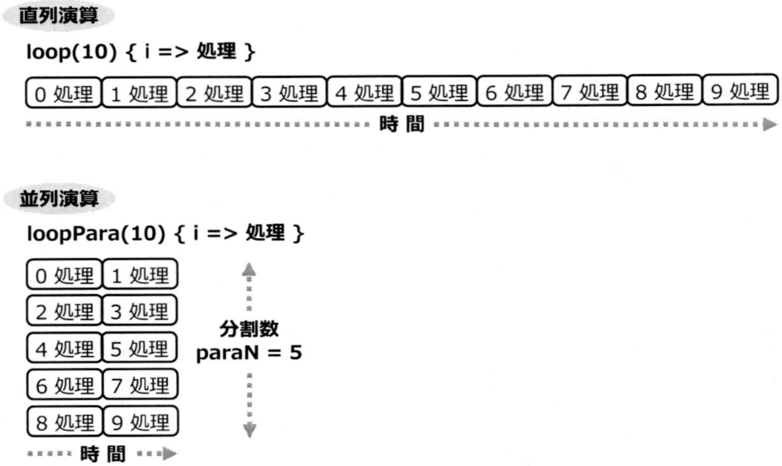

直列演算

loop(10) { i => 処理 }

| 0 処理 | 1 処理 | 2 処理 | 3 処理 | 4 処理 | 5 処理 | 6 処理 | 7 処理 | 8 処理 | 9 処理 |

⋯⋯⋯⋯⋯⋯⋯⋯⋯ 時 間 ⋯⋯⋯⋯⋯⋯⋯⋯⋯▶

並列演算

loopPara(10) { i => 処理 }

| 0 処理 | 1 処理 |
| 2 処理 | 3 処理 |
| 4 処理 | 5 処理 | 分割数
| 6 処理 | 7 処理 | paraN = 5
| 8 処理 | 9 処理 |

⋯ 時 間 ⋯▶

図 9-11　並列演算用制御構造 loopPara の動作

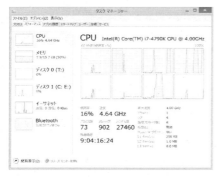 

図9-12 CPU利用率の比較（左：DAE，右：並列演算DAE, Core i7・4コア）

図9-12に直列と並列のCPU使用率の比較を示します。実際の並列演算は並列分割数に正確に比例して性能が上がるわけではなく、またCPUコア数や性能にも影響されます。

気を付ける点として、並列処理内部では、それぞれの並列処理単位による変数アクセスはまちまちに起こります。よって、ある変数について更新と参照の順序が決まっている処理や、同じ変数を更新する際は、同期機能を使うかアルゴリズムを工夫しなければならない場合があります。

9.4 ディープニューラルネットワーク

☐ 多層デノイジングオートエンコーダの構成

多層デノイジングオートエンコーダ（Stacked Denoising AutoEncoder, SDA）は、デノイジングオートエンコーダを複数積み上げて構築するディープニューラルネットワーク（Deep Neural Network, DNN）の手法です。

多層デノイジングオートエンコーダは、図9-13のようにオートエンコーダ(DAE)を一つずつ学習して積み重ねていきます。DAE-1の学習が済むとその出力層を取り除き、その上に次のDAE-2を載せて学習します。このときDAE-1を構成してい

た重みは学習済みなので変更しません。このような学習と積み上げを繰り返していく過程をプレトレーニング（Pre-training）といいます。

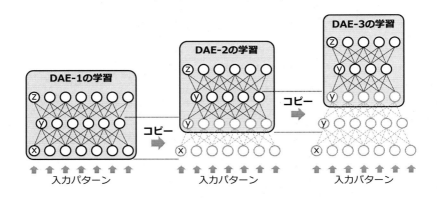

図9-13　多層デノイジングオートエンコーダのプレトレーニング

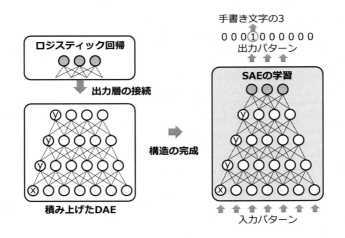

図9-14　多層デノイジングオートエンコーダのファインチューニング

プレトレーニングの目的は、DNNを構成する各重みをよい値に初期化することです。多層パーセプトロンでは重みは単にランダムで初期化しており、そのため

深いネットワークでは学習がうまくいきませんでした。

また、図9-14のように目的のラベルつまり手書き文字の0〜9に分類する出力層のネットワークを追加して構造を完成させます。出力層には多クラス分類器として一般的な8章のロジスティック回帰を用います。プレトレーニング終了後、ネットワーク全体で仕上げの教師あり学習をします。これをファインチューニング（Fine-tuning）といいます。

❏ 多層デノイジングオートエンコーダプログラム

リスト9-8は多層デノイジングオートエンコーダのプログラムです。SAEクラスのコンストラクタに積み重ねるオートエンコーダの個数と各層の次元数を与えて構築します。各中間層にはDAEを用い、出力層にはロジスティック回帰を用います。

この構成には8章の多層パーセプトロン（MLP）を再利用して活用します。まずプレトレーニングによってSAEの各DAEを学習させ、次に多層に構築したMLPの重みに各DAEの重みをコピーします。後はMLPのバックプロパゲーションを行えばファインチューニングが実行できます。

本プログラムでは並列演算版の DAEPara および、同じ方法で並列化したMLPPara を用いて並列演算処理を活用しています。

リスト9-8　SAE.scala　多層デノイジングオートエンコーダプログラム

```
package ex09

import ex08._

// 多層デノイジングオートエンコーダクラス(Stacked Denoising AutoEncoder)
class SAE(val layerN: Int, val unitN: Array[Int]) {
  val stackN = layerN - 2
  val ae = new Array[DAEPara](stackN)       // デノイジングオートエンコーダ
  val mlp = new MLPPara(layerN, unitN, 0.01)    // 多層パーセプトロン
  // 中間層のキャッシュ
  val cache = new Array[Array[Array[Double]]](stackN)

  // 多層デノイジングオートエンコーダの構築
```

```
  loop(stackN) { l => ae(l) = new DAEPara(unitN(l), unitN(l + 1)) }

  // ループ制御構造（0〜n-1までループ）
  def loop(n: Int)(body: (Int) => Unit) {
    var i = 0; while (i < n) { body(i); i += 1 }
  }

  // プレトレーニング
  def preTrain(d: Array[Array[Double]], patN: Int,
               p: Array[(Int,Int,Double,Double,Double)]) {
    loop(stackN) { l =>                       // 層ループ
      val in = if (l == 0) d else cache(l - 1)
      ae(l).train(in, patN, p(l)._1, p(l)._2, p(l)._3,
                                    p(l)._4, p(l)._5)
      cache(l) = Array.ofDim[Double](patN, ae(l).m)
      // 中間層値保存
      loop(patN) { i => ae(l).encode(in(i), cache(l)(i)) }
    }
  }

  // ファインチューニング
  def fineTune(d: Array[Array[Double]], t: Array[Array[Double]],
               patN: Int, p: (Int, Double),
               fun: (Int, => Double) => Unit = null) {
    loop(mlp.layerN-2) { l =>
      loop(mlp.unitN(l+1)) { j =>
        loop(mlp.unitN(l)) { i =>
          mlp.w(l+1)(j)(i) = ae(l).w(j)(i)   // AEからMLPへ重みコピー
        }
        mlp.w(l+1)(j)(mlp.unitN(l)) = ae(l).b1(j)
      }
    }
    mlp.train(d, t, patN, p._1, p._2, fun)
  }

  // 順伝搬
  def forward(d: Array[Double]) = {
    mlp.forward(d)
    mlp.unit(mlp.layerN-1)
  }
}
```

リスト9-9 MLPPara.scala 多層パーセプトロン並列演算プログラム

```
package ex08

class MLPPara(layerN: Int, unitN: Array[Int], wMax:Double = 1.0)
                              extends MLP(layerN, unitN, wMax) {
  var paraN = 8

  // 並列ループ制御構造
  def loopPara(n: Int)(body: (Int) => Unit) {
    Range(0, n).grouped(n/paraN).toParArray.
                              foreach(_.foreach(body(_)))
  }

  override def softmax(x: Array[Double]) {            // ソフトマックス関数
    loopPara(x.length) { i => x(i) = math.exp(x(i)) }
    val s = x.sum
    loopPara(x.length) { i => x(i) /= s }
  }

  override def forward(d: Array[Double]) {            // 順伝搬
    loopPara(unitN(0)) { j => unit(0)(j) = d(j) }     // 入力層の値セット
    loop(o-1) { l =>                                  // 中間層の値計算
      loopPara(unitN(l+1)) { j =>
        unit(l+1)(j) = sigmoid(sum(unitN(l)+1) { i =>
                                w(l+1)(j)(i) * unit(l)(i) })
      }
    }
    loopPara(unitN(o)) { j =>                // 出力層の値計算(他クラス分類)
      unit(o)(j) = sum(unitN(o-1) + 1) { i =>
                              w(o)(j)(i) * unit(o-1)(i) }
    }
    softmax(unit(o))
  }


  // 逆伝搬
  override def backPropagate(d:Array[Double], t:Array[Double]) {
    loopPara(unitN(o)) { j =>                                // 出力層
      val e = t(j) - unit(o)(j); delta(o)(j) = e; err += e*e }
    loopDec(o) { l =>                                        // 中間層
```

```
    loopPara(unitN(l)) { j =>
      val df = unit(l)(j) * (1.0 - unit(l)(j))
      delta(l)(j) = df * sum(unitN(l+1)) { k =>
                                 delta(l+1)(k) * w(l+1)(k)(j) }
    }
  }
}

override def update(rate: Double) {                    // 重みの更新
  loopDec(layerN) { l =>
    loopPara(unitN(l)) { j =>
      loop(unitN(l-1)+1) { i =>
        w(l)(j)(i) += rate * delta(l)(j) * unit(l-1)(i)
      }
    }
  }
}
}
```

❏ 手書き文字認識のディープラーニングプログラム

リスト 9-10 は多層デノイジングオートエンコーダを用いて MNIST の手書き文字データで実際に学習と認識を行うプログラムです。今回は 4 層のネットワークについて、各層のユニット数、プレトレーニング用パラメータ、ファインチューニング用パラメータを与えて 60000 件の学習用データを用いて学習します。

学習完了後は、10000 件の認識テストデータを用いてどれだけ認識できるかカウントします。結果では認識率は 98.8%になりました。

リスト9-10　SAEApp.scala　多層デノイジングオートエンコーダ実行プログラム

```
package ex09

object SAEApp extends App {
  val patN = 60000      // パターン数

  // 多層オートエンコーダの生成(AE数、各層次元数：最後はLogistic)
  val sae = new SAE(4, Array(784, 500, 1000, 10))
```

```
// プレトレーニング(AE)用パラメータ
val preParam: Array[(Int,Int,Double,Double,Double)] = Array(
// 学習回数　バッチサイズ　学習率　　　ノイズ率　　荷重減衰率
  ( 2,          10,        0.1,        0.3,      0.0001 ),
  ( 2,          10,        0.1,        0.3,      0.0001 ))

// ファインチューニング(MLP)用パラメータ
val fineParam: (Int,Double,Double) =
// 学習回数　学習率
  ( 12,       0.05 )

// 手書きイメージ学習データ読み込み
val trainData = Data.readImage("train-images.idx3-ubyte", patN)
val teachLabel = Data.readLabel("train-labels.idx1-ubyte", patN)

// プレトレーニング
println("Pre training...")
sae.preTrain(trainData, patN, preParam)

// ファインチューニング
println("Fine tuning...")
sae.fineTune(trainData, teachLabel, patN, fineParam, fun)

// 手書きイメージテストデータ読み込み
val n = 10000
val testData = Data.readImage("t10k-images.idx3-ubyte", n)
val testLabel = Data.readLabel("t10k-labels.idx1-ubyte", n)

// 認識テスト
println("Recognization test...")
var count = 0
for (i <- 0 until n) {
  val label = Data.labelData(i).toInt
  val out = sae.forward(testData(i))
  val result = out.zipWithIndex.maxBy(_._1)._2
  if (result == label) count += 1
}
printf("Recognition Rate = %.2f%%¥n", count * 100.0 / n)
}
```

実行結果

```
Image loaded: 60000/60000
Label loaded: 60000/60000
Pre training...
Fine tuning...
Image loaded: 10000/10000
Label loaded: 10000/10000
Recognition test...
Recognition Rate = 98.80%
```

A. 付録　Scala 環境の導入と基本

A.1　Scala 開発環境とプログラム作成

❑ Scala の特徴

　Scala はオブジェクト指向言語と関数型言語の機能を兼ね備えたプログラミング言語です。汎用的な用途でソフトウェア開発に用いられています。Scala は Java を基盤としており次のような Java から受け継いだメリットや Scala 独自のメリットを有します。

- 静的型付けコンパイラ型による、コンパイル時のエラー検出と高速なプログラム実行
- Java 仮想マシン上で実行でき、移植性が高い
- 既存の Java プログラム、Java ライブラリを直接呼び出せる
- オブジェクト指向型機能を持つ
- 第一級オブジェクトの性質を持つ関数型機能
- 関数型機能を使って簡潔で柔軟な記述ができる

❑ Eclipse と Scala プラグインの導入

　統合開発環境 Eclipse を用いて、これに Scala のプラグインを導入して学習環境を準備しましょう。次のサイトより Eclipse をダウンロードし PC 内に配置します。

```
Web サイト:の URL      http://mergedoc.sourceforge.jp/
Eclipse バージョン:    Eclipse 4.4 Luna Pleiades All in One
```

ダウンロードパッケージ： Java - Full Edition - 32bit か 64bit
ファイル展開方法： pleiades の eclipse フォルダごと C ドライブなどへ
プログラム実行方法： eclipse フォルダ内の eclipse.exe を起動

Eclipse 起動後、図 A-1 の「ヘルプ」－「新規ソフトウェアのインストール」を選びます。

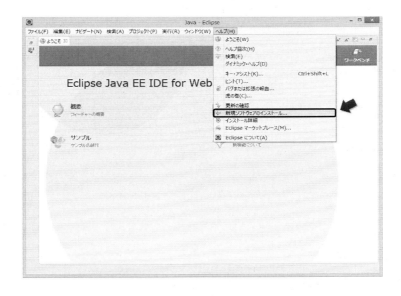

図 A-1　Eclipse のプラグイン導入手順(1)

図 A-2 において、次の Scala プラグイン導入 URL を入力したら、内容を「すべて選択」し、次へと進めます。

プラグイン導入 URL：
http://download.scala-ide.org/
　　　　sdk/lithium/e44/scala211/stable/site

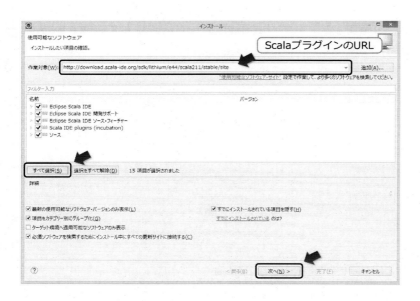

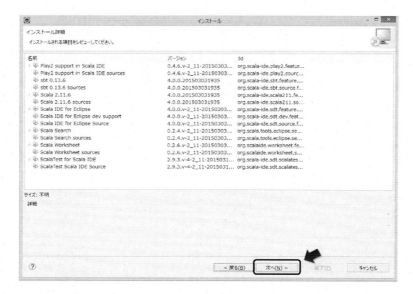

図A-2 Eclipse のプラグイン導入手順(2)(3)

図 A-3 では、ライセンス内容を確認し「使用条件の条項に同意」したら「完了」です。途中セキュリティー警告が表示されますが「OK」し、Eclipse を再起動します。

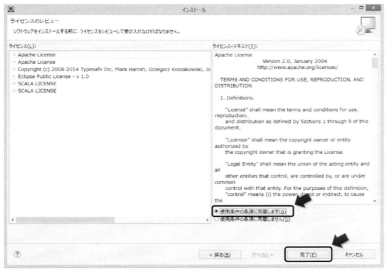

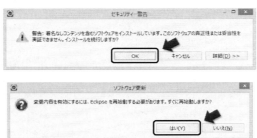

図 A-3　Eclipse のプラグイン導入手順(4)(5)(6)

Eclipse 再起動後、最初に「Scala セットアップ診断」するか尋ねられて実行すると「ヒープ（メモリ）の設定」が 1024MB 未満の場合は警告が表示されますが、デフォルト設定で問題ありません。なお、ヒープサイズは Eclipse フォルダ内の eclipse.ini ファイルの「-Xmx」オプションによって調整可能です。

❏ プロジェクトとパッケージの作成

　最初の設定として、図 A-4 のように Scala のパースペクティブに変更し、Scala に適した作業画面にします。

図 A-4　Scala パースペクティブへの切り替え手順(1)(2)

次に、図 A-5 のように「TestProject」という名のプロジェクトを作成し、以後、学習用のプロジェクトとして使用します。プロジェクトには複数のプログラムを作成することができます。

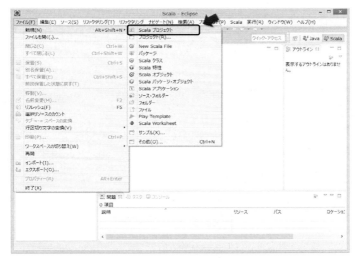

図 A-5　Scala プロジェクトの作成手順(1)(2)

TestProjectができたら、図A-6のようにパッケージを作ります。プログラムはフォルダに整理しながら作り、このフォルダをパッケージと呼びます。練習の基礎という意味で「ex.basic」というパッケージを作成します。なお、本書のプログラムリストでは、先頭に所属パッケージの記述があるので、ソースを打ち込むような場合は適宜パッケージを作成するといいでしょう。

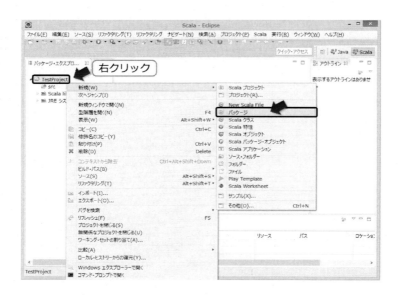

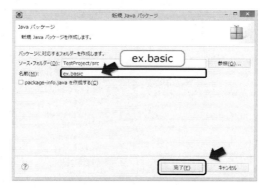

図A-6　Scalaパッケージの作成手順(1)(2)

❏ Helloプログラムの作成

　ex.basic パッケージができたら、図 A-7 のようにパッケージの下に最初のプログラムを作成してみます。ここでは、パッケージを右クリックして、「Scala オブジェクト」を選び、プログラムの「名前」を「Hello」にします。

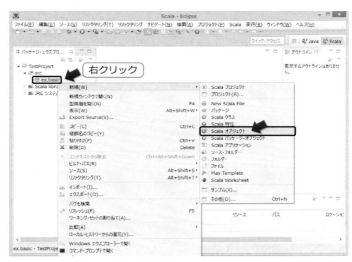

図 A-7　Scala プログラムの作成手順(1)(2)

画面にプログラムの原型が表示され、これを編集して次のリスト内容にします。

Hello.scala　Helloプログラム

`package ex.basic`	… 所属パッケージ
`object Hello extends App {`	… Helloオブジェクトの定義
`println("Hello Scala")`	… 処理内容、printlnで文字出力する
`}`	

実行結果
```
Hello Scala
```

プログラムが完成したら、図 A-8 のように実行してみます。プログラム内に「extends App」という記述を追加していますが、これによって直接実行することのできる Scala プログラムになります。

図 A-8　Eclipse の Scala プログラム実行画面

本プログラムは、プログラム名が Hello で、保存されるファイル名は「Hello.scala」です。Eclipse ではプログラムは自動的にコンパイルされ、プロジェクトのフォルダ以下の「bin」以下に「Hello.class」という Java のバイトコード形式のファイルが生成されます。プログラムの実行によってこのファイルが Eclipse 内で起動します。実行結果はコンソールウィンドウに表示されます。

A.2 Scala 言語機能

❏ クラスについて

Scala はオブジェクト指向と関数型の両方の言語機能を持ちます。特に変数やプログラム構造はオブジェクト指向がベースとなっており、その基本的な概念を理解しておく必要があります。オブジェクト指向において、クラスは変数（データ）とメソッド（処理手順）を含む処理内容の定義（設計図）のようなものであり、それを実体化したものがオブジェクトやインスタンスと呼ばれます。クラスとオブジェクトの関係は、簡単に言うと型と値の関係です。

- クラス　　　… 設計図、種類、型
- オブジェクト　… 実体、値、データ（オブジェクトはインスタンスともいう）

次の例のように、クラスは class キーワードで宣言し、クラス名に引数リストを付けると、インスタンス化するときに引数を受け取ることができます。引数に val や var を付けると引数は同時にフィールドにもなります。val は値変更不可、var は値変更可の変数宣言です。

```
class Syouhin(val code: String, var price: Int) {

  def calc(n: Int) = {     // nは数量
    price * n
  }
}
```

```
  def disp(n: Int) {
    println(code + "¥t" + calc(n) + "円")
  }
}
```

　クラス宣言に extends を付けると親クラスなどから継承させることができます。継承により、親クラスのフィールド宣言やメソッド定義を自動的に受け継ぎます。つまり、親クラスのメソッドなどを、あたかも自分が持っているかのようになります。さらに、メソッドに override を付けると親クラスのメソッドを置き換えることができます。

　次の SaleSyouhin クラスは、親クラス Syouhin から派生させた子クラスです。親の変数 code，price を継承しつつ新たに rate 変数を追加しています。また、親のメソッド disp を継承します。そして、calc メソッドは親の calc は継承せずにここで新たに再定義して親クラスの calc を置き換えています（図 A-9）。

```
class SaleSyouhin(code: String, price: Int, var rate: Double)
                                      extends Syouhin(code, price) {
  override def calc(n: Int) = {
    (price * n * rate).toInt
  }
}
```

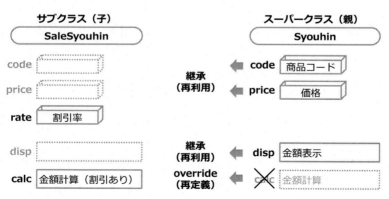

図 A-9　クラスの継承

❏ object について

classで宣言したクラスは後でオブジェクトを生成しますが、objectで宣言すると自動的にインスタンス化されオブジェクトになります。これは、ただ一つのオブジェクトなのでシングルトンオブジェクトと呼ばれます。extends Appを付けるとプログラム起動時にこのobjectが実行されるようになります。

```scala
object TestApp extends App {            // プログラム起動時に実行される

  val s1 = new Syouhin("CPU", 10000)    // コンストラクタによるオブジェクト生成
  val s2 = new SaleSyouhin("HDD", 10000, 0.7)

  s1.disp(2)
  s2.disp(2)
}
```

プログラム全体は次のようになります。

TestApp.scala　テストプログラム

```scala
package ex.basic

class Syouhin(val code: String, var price: Int) {

  def calc(n: Int) = {
    price * n
  }

  def disp(n: Int) {
    println(code + "¥t" + calc(n) + "円")
  }
}

class SaleSyouhin(code: String, price: Int, var rate: Double)
                                    extends Syouhin(code, price) {
  override def calc(n: Int) = {
    (price * n * rate).toInt
  }
}
```

```
object TestApp extends App {            // プログラム起動時に実行される

  val s1 = new Syouhin("CPU", 10000)    // コンストラクタによるオブジェクト生成
  val s2 = new SaleSyouhin("HDD", 10000, 0.7)
  s1.disp(2)
  s2.disp(2)
}
```

実行結果

```
CPU  20000円
HDD  14000円
```

❏ val 変数と var 変数

Scala の変数は val あるいは var キーワードを使って宣言します。次の val による変数は後で値の変更ができません。二つ目の例は「型」を省略しており、「値」から型推論によって型が決定されます。

```
val 変数名: 型 = 値
val 変数名 = 値                 … 省略形
```

例として、インタプリタを使って次のように変数 a を、型を省略して値 100 を代入します。リテラル（定数表現）100 をもとに型推論により a は Int 型で宣言されます。その後、代入演算子「=」で a の値を変更しようとすると、エラーになります。これは val 変数が書き換え不能なためです。

インタプリタ

```
> val a = 100        … 変数aの宣言と値の代入
  a: Int = 100       … aはInt型で宣言され、100が代入された

> a = 123            … エラー（変更不可）

> a += 1             … エラー（変更不可）
```

一方、var 変数は後で値の変更が可能です。

```
var 変数名: 型 = 初期値
var 変数名 = 初期値          … 省略形
```

次の例では、変数 b は初期値 100 から Int 型と推論され、その後、b への代入では値が変更可能です。「b += 1」は b の値に 1 加算します（図 A-10）。

```
インタプリタ
> var b = 100        … varによる変数bの宣言と値の代入
  b: Int = 100       … bはInt型で宣言され、100が代入された

> b = 123            … 再代入（値の変更可能）
  b: Int = 123       … 値が123に変更された

> b += 1             …  1を加算（値の変更可能）

> b                  … bの値を出力してみる
  res: Int = 124     … 1増加している
```

後で変更しないデータはなるべく val で宣言し、1，2，3 とカウントアップさせるなど、値を変更するデータは var で宣言します。一般的にプログラミングにおいて、変数は少ない方がプログラムは読みやすく、また、変数内容が変更されないとわかっていれば、よりデバッグしやすくなります。

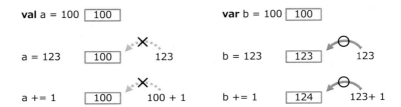

図 A-10　val 変数と var 変数の値の更新

❑ 配列とリスト

　手続型言語をはじめとして多くのプログラミング言語では、配列型データ（図 A-11）を使います。配列の優れた点は、格納するデータ以外のメモリ消費がなく、添え字付けによる高速ランダムアクセスができることです。CPU のマシン語レベルでも配列と同じ原理によるメモリアクセスを行っており、コンパイラ型言語でもその速度とシンプルさの恩恵が得られています。

　弱点として使用領域を事前にサイズ指定して確保する必要があり、領域を使い切ってしまうとサイズの拡張ができず、再確保などの手間がかかります。また要素の挿入や削除は、それ以降の全要素をずらすためのコピーを要します。

　Scala の配列データである Array クラスは Java の配列によって実現されており、Java と同様の実行速度とメモリ効率と考えていいでしょう。2 次元や 3 次元の配列を作成する場合は、Java と同様に 1 次元配列の各要素にさらに 1 次元配列を格納するスタイルをとります。

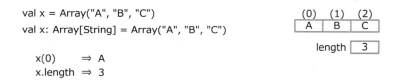

図 A-11　配列のデータ構造

　リスト型データ（図 A-12）は関数型言語の主要データ構造であり、要素の挿入や削除をはじめ木構造など不規則なデータ構造を柔軟に構築することができます。なお要素のアクセスにはリストをたどっていく必要があり、ちょうど配列型データと反対の性質となります。データ構造の変更に関していえば配列が静的ならリストは動的となります。

　Scala のリストデータである List クラスは片方向リストであり、図のように 2 つのリンクを持つコンスセルによって要素を連結したものです。これは柔軟なツリー構造を構築でき、様々なリストデータの中でも高速に処理できるシンプルな構造です。この構造は関数型言語 Lisp のリストデータと同様のものです。

```
val x = List(1, List("A","B"),2, 3)
val x = 1::("A"::"B"::Nil)::2::3::Nil

x        ⇒ List(1, List(A, B), 2, 3)
x.head   ⇒ 1
x.tail   ⇒ List(List(A, B), 2, 3)
```

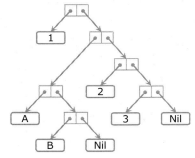

図A-12　リストのデータ構造

両者の使い分け方としては、再帰処理にはリスト、ループ処理には配列が合っています。この組み合わせは処理が簡潔に記述できることが多いです。本書でも、要素数が決まっていないデータや再帰処理を用いる場合はリストを使用し、処理中に要素数が固定でループ処理を用いる場合は配列を使用しています。例えば探索やバックトラッキングなどはリスト、ニューラルネットワークでは配列を使用しました。

❏ メソッド

オブジェクト指向では、処理手続きをメソッドと呼びます。よく用いられるメソッド定義は次のような形式になります。

```
def メソッド名 = (引数:型, …) = {
    式
    :
}
```

次の例では def で定義された bmiMethod がメソッド名、()が引数リスト、t, w が引数です。引数リストの後の=は、メソッドが値を返さない場合は省略できます。{}内が処理内容であり、最後の式がメソッドの戻り値（結果）となります。メソッドは()内に引数を与えて呼び出します。このメソッドは値を返すものなの

で、これを変数mに格納することができます。

BMIApp.scala　BMI値計算プログラム

```
package ex.basic

object BMIApp extends App {

  // bmiMethodメソッドの定義    引数t(身長)、w(体重)を受け取る
  def bmiMethod(t: Double, w: Double) = {
    val t1 = t * 0.01                    // 作業変数t1に計算値を格納
    w / (t1 * t1)                        // 最後のこの式がメソッドの結果となる
  }

  val m = bmiMethod(165, 55)             // bmiMethodメソッドの呼び出し
  println("BMI値(メソッド) = " + m)       // mの出力
}
```

実行結果

```
BMI値（メソッド） = 20.202020202020197
```

　プログラミングの歴史において、図 A-13 のように最初のうちプログラムは命令文や計算式などのコードといった手続きの羅列でしたが、長くなると扱いにくいので、部品化して分ける発想が主流となりました。手続き型言語として FORTRAN, COBOL, BASIC 言語そして C 言語などがこのスタイルです。

　一方、データについては、システム規模が大きくなると、プログラムが扱うデータも複雑化してきます。データが処理手続きと密接な関係を持つのなら、手続きとデータをまとめて部品化したほうが扱いやすくなるという考えで、オブジェクト指向が普及しました。Smalltalk, C++, Java 言語などがこれにあたります。

　手続き型でもサブルーチンや関数といった部分的に分離する記述はできましたが、単体の部品として独立させるには、データもひとまとめにしてさらに部品交換や拡張を伴う再利用などが自由にできるよう、徹底した部品化つまりオブジェクト化に発展しました。これは生産性を向上させるための工業的アプローチと言ってもいいでしょう。

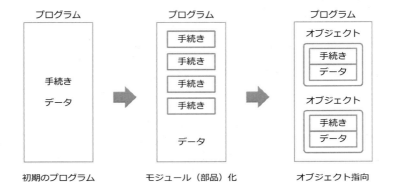

図 A-13　プログラミングスタイルの遷移

　「オブジェクト＝手続き＋データ」とし、プログラムはオブジェクトの集合でできているとみなされますが、この「手続き」と「データ」のことをオブジェクト指向型言語では「メソッド」と「フィールド（プロパティ、メンバ変数）」などと呼ぶことが多いのです。Scala もベースはオブジェクト指向型の Java ですから、メソッドという用語をそのまま使用します（図 A-14）。

図 A-14　オブジェクト指向での基本構造（Scala の場合）

　なお、Scala の関数は、メソッドのように処理手続きそのものですが、フィールドである変数に格納することができるので、値としての性質も持ちます。

❏ 関数

Scala は関数型の性質も持ち、本格的な関数型言語として機能します。関数はメソッドと同様に、引数を渡して呼び出し、実行した後結果を返します。ではメソッドと関数はどこが違うのでしょうか。ほとんどの機能は共通しますが、関数のみの特別な性質として次のような点が挙げられます。

- 関数は値として変数に格納できる
- 関数は値として引数に渡すことができ、戻り値として返すことができる
- 関数は値として他と比較できる

これらは第一級関数という性質であり、特に関数を引数や戻り値にしたメソッドや関数を高階関数と呼びます。高階関数は関数型言語の基本機能であり、これを基盤としてクロージャ、部分適用、カリー化など様々な関数型言語特有の機能を実現することができます。それらの関数機能を活用すると、簡潔な記述で汎用性の高い処理や仕様変更に強い処理を記述することができ、プログラムの簡潔さと開発生産性が向上します。

次のリストは、簡単な高階関数の例であり、引数に関数を受け取る高階関数（メソッド）を作成しています。sankaku メソッドは高階関数であり、三角形の三辺の長さ、および何らかの判定関数を受け取り、判定結果が真ならば「Yes」、偽ならば「No」と出力します。

HigherOrder.scala　三角形の判定関数を引数として受け取る高階関数プログラム

```
package ex.basic

object HigherOrder extends App {

  // 引数に関数を受け取る高階関数(メソッド)
  def sankaku(a: Int, b: Int, c: Int,
                        fun: (Int, Int, Int) => Boolean) {
    if (fun(a, b, c)) {      // 判定関数funの呼び出し
      println("Yes")
    } else {
      println("No")
```

```
        }
    }

    // sankakuを呼び出す動作テスト
    println("¥n=== 正三角形の判定 ===")
    sankaku(3, 3, 4, (a, b, c) => a == b && b == c)
    sankaku(3, 3, 3, (a, b, c) => a == b && b == c)

    println("¥n=== 二等辺三角形の判定 ===")
    sankaku(3, 3, 4, (a, b, c) => a == b || b == c || c == a)
    sankaku(3, 3, 3, (a, b, c) => a == b || b == c || c == a)
}
```

実行結果

```
=== 正三角形の判定 ===
No
Yes

=== 二等辺三角形の判定 ===
Yes
Yes
```

sankakuメソッドの定義の後で動作テストをしています。まず、正三角形の判定用の関数リテラル「(a,b,c) => a==b && b==c」を渡して三辺が等しいことを調べています。リテラルは定数表現なので関数リテラルとは関数を定数として書き表したものです。簡単に言うと関数を表すデータです。二等辺三角形の場合は「(a,b,c) => a==b || b==c || c==a」という関数リテラルによって二辺が等しいかを調べています。

このように、sankakuメソッド内には正三角形や二等辺三角形を判定する機能はありません。そのかわりsankakuメソッドを呼び出す際に、引数に判定関数を渡すやり方です。これによって外部から様々な機能を関数として渡すことができ、またsankakuメソッドがシンプルになり汎用性も高まります。

図A-15のように、高階関数sankaku側では、これらの関数オブジェクトを引数funで受け取ります。funの型は「(Int,Int,Int)=>Boolean」であり、「Int型引数を三つ受け取ってBoolean型の戻り値を返す」という関数の型で引数宣言

しています。引数 fun は一つの変数であり、そこに関数が渡されて格納されます。その後、fun(…) という関数呼び出しによって、関数を呼び出すことができます。

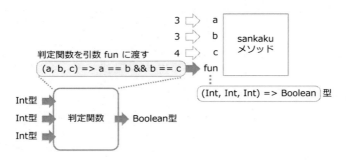

図 A-15　引数に三角形の判定関数を受け取る高階関数

参 考

深井 裕二：「Scala ファンクショナルデザイン —関数型プログラミングの設計と理解」，三恵社，2015

岡谷 貴之，斎藤 真樹：「ディープラーニング—コンピュータビジョン最先端ガイド 6」，pp.89-121，アドコム・メディア株式会社，2013

岡谷 貴之：「深層学習」，講談社，2015

熊沢 逸夫：「学習とニューラルネットワーク」，森北出版，1998

Willi Richert, Luis Pedro Coelho, 斎藤 康毅（翻訳）：「実践 機械学習システム」，オライリージャパン，2014

C. M. Bishop, 元田 浩（監訳），栗田 多喜夫（監訳），樋口 知之（監訳），松本 裕治（監訳），村田 昇（監訳）：「パターン認識と機械学習 上」，丸善出版，1012

David M. Bourg, Glenn Seemann, 株式会社クイープ（翻訳）：「ゲーム開発者のための AI 入門」，オライリージャパン，2005

LISA lab. : "Deep Learning Tutorials — DeepLearning 0.1 documentation", http://deeplearning.net/tutorial/, 2015-4

Michael Bevilacqua-Linn : "Functional Programming Patterns in Scala and Clojure: Write Lean Programs for the JVM", Pragmatic Bookshelf, 2013

Carl Dea, Mark Heckler, Gerrit Grunwald, José Pereda, Sean Phillips : "JavaFX 8: Introduction by Example", Apress, 2014

EPFL : "The Scala Programming Language", http://www.scala-lang.org/documentation/, 2015-4

EPFL : "Scala Standard Library 2.11.6", http://www.scala-lang.org/api/, 2015-4

Martin Odersky, Lex Spoon, Bill Venners : "Programming in Scala: A Comprehensive Step-by-Step Guide", Artima Press, 2010

David Pollak : "Beginning Scala (Expert's Voice in Open Source)", Apress, 2009

Johan Vos, Weiqi Gao, James Weaver, Stephen Chin, Dean Iverson : "Pro JavaFX 8: A Definitive Guide to Building Desktop, Mobile, and Embedded Java Clients", Apress, 2014

Dean Wampler, Alex Payne : "Programming Scala: Scalability = Functional Programming + Objects", O'Reilly Media, 2014

索 引

■ :

::, 39
:::, 52

■ A

A*アルゴリズム, 125
AE, 172
AI, 9
Alife, 93
Alignment, 101
alpha-beta pruning, 72
AND, 155
AnimationTimer, 97
App, 206
Application, 23
Array, 19
ArrayBuffer, 110
Artificial Intelligence, 9
Artificial Life, 93
A-star, 125
Autoencoder, 172

■ B

backtracking, 43
backward chaining, 79
Boids, 93
Breadcrumb Path finding, 119

■ C

Canvas, 23
class, 207
Cohesion, 101

■ D

DAE, 179
decode, 172
Deep Neural Network, 190
Denoising AutoEncoder, 179

■ E

Eclipse, 198
eclipse.ini, 201
encode, 172
expert system, 76
extends, 23, 206, 208

■ F

Fine-tuning, 192
Finite State Machine, 137

for, 39
forall, 39
forward chaining, 79

■ G

generalization ability, 147
GraphicsContext, 23

■ I

if式, 43
inference engine, 76

■ J

JavaFX, 21
JavaFXアプリケーションスレッド, 67

■ K

knowledge base, 76

■ L

List, 19
local minimum, 163
Logistic regression, 146

■ M

map, 51
match, 52
maxmin strategy, 68
MLP, 156
MNIST, 165
Multilayer perceptron, 156

■ N

neural network, 145
Nil, 46
NPC, 105
Nクイーン問題, 35

■ O

object, 209
openリスト, 126
override, 23, 208

■ P

Perceptron, 145
Platform.runLater, 66
Pre-training, 191
production system, 76

■ R
Range, 19

■ S
Scala, 198
Scala オブジェクト, 205
SDA, 190
Separation, 101
Shape, 97
sleep, 117
sorted, 51
Stacked Denoising AutoEncoder, 190
start, 23
State Transition Diagram, 137
Stochastic Gradient Descent, 173
strokeLine, 31

■ T
Thread, 67, 98
TicTacToe, 59
tied weight, 174

■ V
val, 210
var, 210, 211

■ W
weight decay, 180
with, 124, 208

■ X
XOR, 155

■ Y
yield, 39

■ Z
zero-sum game, 58

■ あ
アクション, 78
値, 83, 210
アルファ値, 75
α カット, 72
アルファベータカット, 72
アルファベータ法, 72

■ い
イベント, 137
イベントハンドラ, 67
インスタンス, 207
インデント, 13

■ う
後ろ向き推論, 79

■ え
エキスパートシステム, 76
枝刈り, 39
エンコード, 172

■ お
オートエンコーダ, 172
オーバーライド, 23
オブジェクト, 207
オブジェクト指向言語, 198
重み, 146

■ か
過学習, 147
学習, 147
学習率, 154
確率的勾配降下法, 173
隠れ層, 156
可視化, 167
荷重減衰率, 180
荷重値, 146
型, 210
型推論, 210
型パラメータ, 13
環境変数, 83
関数型言語, 198

■ き
キー, 83
騎士の巡回問題, 43
キャラクタ, 105
教師信号, 147
教師なし学習, 172
局所解, 163

■ く
クラス, 207
グラフィックウィンドウ, 21
繰り返し, 9

■ け
継承, 23, 208
結合, 101

■こ

高階関数, 216
誤差逆伝播学習法, 157
コッホ曲線, 24
コンソールウィンドウ, 207
コンパイル, 207

■さ

再帰関数, 10
再帰呼び出し, 9
再帰レベル, 13
細胞体, 145
三目並べゲーム, 59

■し

シーングラフ, 97
シェルピンスキー曲線, 30, 32
閾値, 150
シグモイド関数, 160
自己相似形, 21
事実, 78
シナプス, 145
囚人のジレンマ, 59
出力層, 155
状態, 137
状態空間, 35
状態空間探索, 35
状態遷移図, 137
衝突, 112
シングルトンオブジェクト, 209
人工生命, 93
人工生命シミュレーション, 101
人工知能, 9
深層学習, 164

■す

推論, 76
推論エンジン, 76
数学関数, 9
図形, 97
スタック, 11
スタックオーバーフロー, 10
スレッド, 67

■せ

整列, 101
セマフォ, 118
ゼロサムゲーム, 58
遷移, 137
宣教師とモンスター問題, 47

線形分離, 155
線形分離不可能問題, 155
前提条件, 78

■そ

添え字, 19
ソート, 51
ソフトマックス関数, 147

■た

第一級オブジェクト, 198
第一級関数, 216
待機処理, 117
代入演算子, 210
多クラス分類, 146
多層デノイジングオートエンコーダ, 190
多層パーセプトロン, 156
タプル, 38
単純パーセプトロン, 145

■ち

知識ベース, 76
中間層, 156

■て

ディープニューラルネットワーク, 190
ディープラーニング, 164
手書き文字認識, 165
デコード, 172
デノイジングオートエンコーダ, 179
デバッグ, 211

■と

独自制御構造, 150
ドラゴン曲線, 26
トレイト, 124
トレース, 12

■な

流れ図, 63
名前渡し, 13

■に

ニューラルネットワーク, 145
入力層, 155
ニューロン, 145

■の

農民と狼とヤギとキャベツ問題, 53

ノンプレイヤーキャラクタ, 105

■ は

パースペクティブ, 202
バイアス, 150
排他論理和, 155
配列, 19
配列型データ, 212
派生, 23
パターン認識, 145
パターンマッチング, 83
発火, 145
バックトラッキング, 43
バックプロパゲーション, 157
パッケージ, 204
ハッシュマップ, 82
ハノイの塔, 14
幅優先探索, 39
汎化能力, 147
パンくず拾い, 119

■ ひ

ヒープ, 201
引数, 213
引数リスト, 13, 213
非ゼロサムゲーム, 59

■ ふ

ファインチューニング, 192
フィールド, 215
副問題, 14
二人零和有限確定完全情報ゲーム, 59
プラグイン, 198
フラクタル, 21
プレトレーニング, 191
フローチャート, 63
プログラム, 205
プロジェクト, 203
プロダクションシステム, 76
分離, 101

■ へ

並列演算, 186
ベータ値, 75
β カット, 72

変数, 207

■ ほ

ボイド, 93

■ ま

前向き推論, 79
マップ, 105
マルチコア, 187

■ み

ミックスイン, 124
ミニバッチ更新, 174
ミニマックス戦略, 68

■ む

群れ, 101

■ め

メソッド, 207, 213

■ も

目標状態, 35

■ ゆ

有限状態マシン, 137

■ ら

ランダム, 93

■ り

リスト, 19
リスト型データ, 212
リテラル, 210

■ る

ループ処理, 9
ルール, 78

■ ろ

ローカルミニマム, 163
ロジスティック回帰, 146
ロジスティック関数, 146
論理積, 155

■筆者紹介

深井　裕二　（ふかい　ゆうじ）

北海道科学大学高等教育支援センター学士課程教育支援部門講師
プログラミング分野、実用的ソフトウェア開発や教育支援システム開発の研究に従事
公開フリーソフトにMoodle 小テスト問題作成ソフトQuEdit がある

関数型オブジェクト指向AIプログラミング
―Scalaによる人工知能の実装―

2015年11月2日　初版発行

著　者　　深井　裕二

定価(本体価格2,100円+税)

発行所　　株式会社　三恵社
〒462-0056 愛知県名古屋市北区中丸町2-24-1
TEL 052 (915) 5211
FAX 052 (915) 5019
URL http://www.sankeisha.com

乱丁・落丁の場合はお取替えいたします。　　　　　　　　©2015 Yuji Fukai
ISBN978-4-86487-433-5 C2004 ¥2100E